Précis
de marketing

Jean-Pierre Bernadet

Antoine Bouchez

Stéphane Pihier

NATHAN

SOMMAIRE

© Nathan 1996 pour la première édition – ISBN 2-09-176787-5
© Nathan 1998 pour la deuxième édition
© Nathan/VUEF 2001 pour la présente impression – ISBN 2-09-182459-3

MODE D'EMPLOI

Divisé en six parties, l'ouvrage s'organise par doubles pages.
Chaque double page
fait le point sur un thème et fonctionne de la façon suivante :

À gauche
Une page synthèse apporte toutes les informations pour comprendre le sujet de la double page.

À droite
Une page explication développe un point particulier qui illustre et complète la page de gauche.

Le menu aide à repérer les six parties du livre pour entrer dans le monde du marketing.

Quelques lignes d'introduction présentent les principaux éléments du sujet.

Le titre de la page de droite met l'éclairage sur un point particulier.

Le titre annonce le thème de la double page.

FONDEMENTS
ANALYSE DE MARCHÉ
PRODUIT
DISTRIBUTION
PUBLICITÉ
COMMUNICATION

La marque

La marque est un des éléments clés de la stratégie marketing. Elle va permettre d'identifier un produit et de le personnaliser. C'est ce qui concrétisera sa différenciation. Les attributs qui lui seront donnés définiront son positionnement et sa perception par le consommateur.

Qu'est-ce que la marque ?
La marque est une empreinte qui définit la différenciation d'un produit par rapport à la concurrence. C'est aussi la protection du créateur. C'est en quelque sorte un contrat, entre un fabricant et le consommateur, sur les caractéristiques du produit et les attentes qu'il suscite.

Identité et image
☐ L'identité de la marque est composée de toutes ses caractéristiques objectives et réelles. L'image d'une marque, en revanche, relève d'attributs qui ont été décodés par les récepteurs. Les images perçues d'une même marque peuvent donc être différentes d'un individu à l'autre.
☐ Au niveau du consommateur-récepteur, l'image peut être parfois composée d'éléments sensiblement différents des constituants de l'identité. En effet, les signes émis par la marque peuvent être plus ou moins contredits par ceux qui sont émis par les concurrents, le bouche à oreille, l'opinion des journalistes etc. Une des fonctions de la communication sur la marque est d'assurer une proximité aussi étroite et valorisante que possible entre l'identité et l'image.

Notoriété et image
Certaines marques sont très connues (notoriété) et ont un fort contenu (image). Qui ne connaît Coca-Cola, Mercedes, Lacoste ? Mais certaines marques n'ont su préserver leur identité et sont devenues des noms génériques : klaxon, frigidaire, bic... De même, la notoriété n'est pas forcément signe de puissance de marque. Simca, Goupil sont des marques qui, bien qu'ayant eu une bonne notoriété, seront difficiles à ressusciter.

Stratégies de marque
Plusieurs stratégies sont possibles en termes de marque. Elles sont à la fois fonction du positionnement et des moyens que l'on peut apporter à leur soutien :
– la marque-produit (exemple : les chewing-gum Hollywood, les cigarettes Marlboro) associe un produit à une marque et à un positionnement ;
– la marque-ligne (ou collection) considère une ligne de produits comme un ensemble complémentaire (exemple : Blédina) ;
– la marque-gamme attribue un même territoire de compétence, souvent lié à un métier (exemple : Moulinex, Findus, Nike) ;
– la marque-ombrelle regroupe un ensemble de produits ayant un support identitaire commun (exemple : Sony, Carrefour) ;
– la marque-caution donne une rassurance commune à un ensemble de marques-produits (exemple : Danone, LU, Nestlé, Johnson, GAN, UAP).

70

LE « CO-BRANDING », OU COMMENT TROUVER SES MARQUES À PLUSIEURS

■ Le co-branding : un partenariat multiforme
Le co-branding représente l'association de deux marques pour la commercialisation d'un même produit. Dans sa forme originelle, il s'apparente à un simple parrainage entre marques.
Aujourd'hui, le vrai co-branding doit être considéré comme l'expression d'une stratégie explicite au travers de l'association de deux marques, qui vont réunir leur potentiel productif et marketing autour d'un produit ou d'un service (en général conçu pour l'occasion).

■ Un avenir prometteur
Le développement actuel du co-branding ne relève pas du hasard. En répondant à la fois mieux et plus rapidement à la demande, en participant à la création de

produits innovants par la rencontre de savoir-faire techniques différents (le yaourt glacé, par exemple), le co-branding élargit le marché naturel des différentes marques ou crée de nouveaux segments, pour le plus grand bénéfice des différents partenaires.

Le yaourt glacé Yolka

Avantages et inconvénients du co-branding

Avantages	Inconvénients
– Mise en œuvre de stratégies marketing originales	– Longueur de la mise en œuvre du contrat de partenariat
– Rapidité d'accès à un nouveau marché	– Risque de cannibalisation d'un produit d'un des partenaires
– Réduction du temps de pénétration d'un nouveau produit	– Multiplication des alliances nécessairement limitée
– Encerclement possible d'un concurrent	– Répartition des retombées entre les deux marques : délicate à établir a priori et pas toujours équitable a posteriori
– Alliance avec un leader pouvant permettre d'accroître la notoriété de la marque partenaire	
– Réduction des coûts de mise au point d'un nouveau produit	
– Partage des coûts de diffusion et de communication	

Le co-branding touche de nombreux secteurs

Secteurs	Produits
– Automobile et prêt-à-porter	– La 205 Peugeot Lacoste – La Twingo Kenzo
– Agro-alimentaire et tourisme	– La Boule magique de Nestlé/Disney pour contrer l'Œuf de Kinder Surprise
– Informatique et informatique	– Le logo Intel Inside avec tout produit intégrant un de ses composants
– Agro-alimentaire et cosmétique	– La pâte à tartiner Elfi avec la crème douche Dove
– Agro-alimentaire et agro-alimentaire	– La mousse Yoplait au chocolat Côte-d'Or

71

Les sous-titres permettent de saisir l'essentiel en un coup d'œil.

Le tableau apporte un précieux complément au texte.

La photo aide à visualiser les actions marketing.

FONDEMENTS

ANALYSE DE MARCHÉ

PRODUIT

DISTRIBUTION

PUBLICITÉ

COMMUNICATION

Qu'est-ce que le marketing ?

Le marketing est une démarche visant à satisfaire les désirs et besoins du consommateur, dans la logique de la stratégie de l'entreprise, au travers d'un échange de biens ou de services. Un produit ne se vendra que s'il répond à un besoin du marché.

Satisfaire les désirs du consommateur

□ Le marketing est d'abord un état d'esprit et un comportement qui vise à adapter l'offre (un produit, un service) à la demande du client (consommateur ou entreprise). La première étape consiste à comprendre quelle est la demande : qui, quoi, où, quand, comment, combien, pourquoi ? Les réponses à ces questions, par le biais des études de clientèle ou des études consommateurs, permettent de définir le produit optimal.

□ La notion de produit a un sens large en marketing. Ce peut être un bien matériel ou immatériel, un objet, un service, une activité, une personne, une idée, un endroit, une organisation, capables de satisfaire un service ou un besoin.

Dans la logique de la stratégie de l'entreprise

□ Toute entreprise a une légitimité pour ses clients. Celle-ci correspond à son savoir-faire prouvé, mais aussi à la vocation et aux missions qui lui sont attribuées.

□ Il ne s'agit pas de chercher à satisfaire en permanence les désirs du consommateur, car cela pourrait présenter de trop grands risques. Toute personne ou organisation pratiquant le marketing doit avoir en permanence à l'esprit la vocation de son entreprise, pour rester en cohérence avec le long terme et agir en respectant la stratégie de développement. Une banque peut-elle devenir un acteur industriel quand sa volonté est de se limiter au service ? Un fabricant de matières plastiques pour les industriels peut-il se lancer sur une partie du marché des brosses à dents sous le simple prétexte qu'il y a un marché ?

Au travers d'un échange

□ Le marketing existe quand les individus ou les entreprises décident de satisfaire leur désir par une transaction que l'on appelle « processus d'échange ». Cet échange se fait dans un environnement : le marché. Celui-ci est l'ensemble des acheteurs actuels et potentiels d'un produit ou d'un service (par exemple, le marché immobilier, le marché monétaire, le marché du voyage). Un marché peut être constitué d'un seul élément (une œuvre d'art) ou de millions d'unités (les stylos à bille).

□ L'offre tend à s'adapter à la demande, mais on peut souvent aboutir à une offre surabondante. Il faut donc adapter celle-ci à la demande, non seulement qualitativement mais quantitativement. L'inadaptation des quantités proposées à la demande n'est pas sans conséquences sur les prix (voir chapitre 3). Il en est ainsi, par exemple, des matières premières, des fruits et légumes, dont la production n'est pas uniquement le résultat de la volonté des entrepreneurs.

D'OÙ VIENT LE MARKETING ?

■ **Le temps où il fallait tuer (fabriquer) l'ours (le produit) avant de le vendre est révolu**

On s'accorde à reconnaître que le marketing est apparu dans les années 50 aux États-Unis, venant par la suite en Europe et en France. Le marketing marque l'abandon d'une vision de l'entreprise, datant la révolution industrielle, centrée sur l'offre. À cette époque, il fallait essentiellement gérer la pénurie. Les consommateurs, dont le nombre et le pouvoir d'achat commençaient à croître, étaient encore largement demandeurs de produits de première nécessité. L'écoulement des marchandises ne posait donc pas de problème. La performance se résumait, pour l'entreprise, dans sa capacité à fournir un grand nombre de produits standardisés à moindre coût. Le taylorisme des années 30 et l'organisation du travail à la chaîne marquent l'aboutissement de cette période. La Ford T du célèbre constructeur américain témoigne de cette époque où l'on faisait encore peu de cas de la demande. L'industriel disait d'ailleurs : « Les clients peuvent choisir la couleur de leur voiture à partir du moment où c'est la couleur noire. »

■ **Aujourd'hui, rien ne sert de tuer l'ours si l'on ne peut le vendre**

Les attentes spécifiques du client n'étaient pas pour autant systématiquement ignorées, mais les entreprises qui s'en souciaient, et qui finalement faisaient du marketing sans le savoir, étaient plus proches de l'artisanat que de l'industrie. Au début du siècle, à Billancourt, les deux cents clients de Louis Renault venaient choisir leur modèle de voiture, le cuir des sièges, l'essence des bois du tableau de bord. Le temps passant, les modèles se sont standardisés et le client a été quelque peu oublié. Aujourd'hui, il n'en va plus de même. La concurrence est vive sur les marchés, le nombre des fabricants s'est multiplié, les consommateurs, dont le pouvoir d'achat et le niveau d'éducation ont considérablement évolué, deviennent exigeants et peuvent arbitrer entre les producteurs. La demande prime désormais sur l'offre. Ainsi, si Renault proposait, en combinant les options possibles pour un même modèle (motorisation, couleurs, accessoires, etc.), seulement 16 versions différentes pour une 4L, puis 6 000 pour une R5. Le constructeur offre aujourd'hui le choix entre 60 000 variantes pour une Clio.

■ **Désormais, le producteur propose et le consommateur dispose**

Des exemples multiples témoignent de cet état de fait. Dans les années 50, la société Lever, leader mondial du détergent et désireuse de s'implanter en France, a dû adapter ses produits. Alors que l'entreprise disposait de lessives particulièrement en avance sur leur temps pour laver le linge en machine sans le faire bouillir, elle a dû modifier son offre à la demande du marché français. Des études avaient en effet montré que pour la ménagère, l'ébullition du linge était une nécessité et qu'une lessive était d'autant meilleure qu'elle faisait plus de mousse. C'est ainsi que Lever lança « Omo spécial pour bouillir le linge ». Ce n'est que par la suite, avec l'évolution des mentalités, que l'entreprise se risqua à proposer ses produits les plus innovants. Aujourd'hui encore, les petits pots pour bébés sont mal acceptés par les consommatrices italiennes, qui se sentent coupables à l'idée de ne pas préparer elles-mêmes le repas de leur enfant.

FONDEMENTS

ANALYSE DE MARCHÉ

PRODUIT

DISTRIBUTION

PUBLICITÉ

COMMUNICATION

La démarche marketing

Le marketing étant centré sur le client, la démarche se développe en trois phases : comprendre le client et le marché pour segmenter et définir le champ concurrentiel, s'adapter par un positionnement compétitif, agir sur le marché pour vendre.

Comprendre le client

☐ Étudier le marché, sa structuration (la « segmentation », pour les spécialistes), identifier les attitudes et comportements des consommateurs, telle est la première démarche du marketing. Parmi l'éventail des comportements et des caractéristiques des acheteurs potentiels, il est nécessaire de mettre en évidence les groupes homogènes, ou segments de clientèle, d'évaluer leur importance et leur évolution possible.

☐ Il faut aussi définir un marché « pertinent » : local, régional, national, international… Une petite entreprise n'a pas forcément intérêt à grandir, car elle perdra la connaissance de sa clientèle et courra le risque de ne plus être en adéquation avec la demande. En revanche, une taille importante permet d'opérer sur plusieurs segments (ou subdivisions) de marchés, de mieux contrôler le terrain, d'avoir des possibilités de mieux négocier avec ses fournisseurs, de faire des économies d'échelle, et donc de mieux répondre aux clients sensibles aux prix bas.

S'adapter

☐ L'homme de marketing définit les « créneaux » ou les « cibles » qu'il choisit de servir. Il adapte en permanence le produit ou le service à vendre, fixe les prix en adéquation avec ce que le marché est prêt à payer. Cela passe aussi par l'adaptation de son mode de distribution et de sa force de vente (réseau commercial) de façon à être plus performant que les concurrents. Face aux attentes et désirs des consommateurs, il se donne un avantage concurrentiel par le type de produit, le prix ou le service qui fera que c'est son offre qui sera choisie.

☐ Par exemple, le choix de la vente en direct (par téléphone ou voie postale) pour des produits de type « assurance » est lourd de conséquences par rapport aux autres modes de distribution tels que les guichets (postes, banques, distributeurs automatiques) ou les réseaux de distributeurs (agents, courtiers). L'approche du client en direct ou à travers des réseaux spécialisés va nécessiter des méthodes et des systèmes de communication différents.

Agir

☐ C'est avoir une politique de produit, de vente et de communication qui permette à l'entreprise d'atteindre ses objectifs : forte part de marché avec une politique de marge réduite ou part de marché plus petite mais avec des meilleures marges.

☐ On peut agir sur l'offre par la politique de produit et de prix, par la politique de vente et de présence sur les canaux de distribution.

☐ On peut aussi agir sur la demande par la publicité, la promotion, pour anticiper l'évolution du marché, gagner et conserver la confiance des consommateurs.

LE MARKETING FACE À LA DEMANDE

■ Le marketing de la demande ou la gestion des désirs

À l'origine du comportement de tout individu se trouve le besoin. Il s'agit d'une exigence née de la nature ou de la vie sociale (se nourrir, se vêtir, mais aussi apprendre ou ressentir des émotions). Ensuite vient le désir, qui porte sur le choix des moyens permettant de satisfaire le besoin (du poisson pour se nourrir, une robe de chez Dior pour s'habiller). Si les besoins sont limités, le nombre des désirs est infini et en perpétuelle évolution. Le marketing ne crée pas les besoins, mais il peut influer sur les désirs. Il fait en sorte que l'envie pour un produit donné se traduise par une demande (expression du désir d'achat replacé dans son contexte économique). Le rôle du marketing est de susciter et d'entretenir cette demande.

Situations de demande et rôle du marketing

Demande négative	Les clients potentiels ne sont pas attirés par le produit ou même l'évitent (la vaccination préventive, le moteur diesel à ses débuts). Il s'agit alors d'inverser la tendance à partir d'une analyse des facteurs de résistance (marketing de conversion).
Absence de demande	*A priori*, le produit ne suscite aucun intérêt particulier (l'instauration du carnet de santé, le contrôle technique des automobiles). Il faut alors chercher à démontrer tous les avantages apportés par le produit au regard des besoins de l'individu (marketing de stimulation).
Demande latente	Des désirs peuvent se manifester pour des produits qui n'existent pas encore (appareils ménagers silencieux, savon qui ne glisse pas). Il est nécessaire d'estimer le marché potentiel et de faciliter le démarrage des produits (marketing de développement).
Demande déclinante	Comme tout individu, les produits passent par une phase de naissance, de croissance, de maturité et finalement de déclin. Dans ce dernier cas (le fax qui remplace le telex, le GSM qui se substitue aux « beeper »), le marketing doit trouver les moyens de réactiver la demande (remarketing).
Demande irrégulière	Certains produits sont plus ou moins consommés suivant la période de l'année (glaces, parfums). Pour l'organisation de l'entreprise, il est utile de persuader la clientèle d'étaler ses achats dans le temps (synchromarketing).
Demande soutenue	Même si la demande est importante, il faut perpétuellement penser à l'entretenir pour ne pas perdre de parts de marché (marketing d'entretien).
Demande excessive	Dans certains cas, trop de succès peut être nuisible (les autoroutes lors des grands départs, un produit haut de gamme qui se vend trop bien perd son image de prestige). L'entreprise doit alors mener des actions de démarketing.
Demande indésirable	Des produits peuvent porter atteinte à la société ou à l'individu. On cherchera alors à décourager toute consommation par une répression ou par du contremarketing (campagne publicitaire culpabilisante).

D'après P. Kotler et P. – L. Dubois, *Marketing Management*, Publi-Union, 1994

FONDEMENTS

ANALYSE DE MARCHÉ

PRODUIT

DISTRIBUTION

PUBLICITÉ

COMMUNICATION

La place du marketing dans l'entreprise

L'esprit marketing doit exister dans tous les services d'une société. Une direction du marketing est là pour coordonner les actions des différents services et mettre en œuvre cette démarche.

▬▬▬ Tous les services font du marketing

Pour réussir, tous les services d'une société devraient avoir le même souci de bien servir le client final. « S'adapter à la demande du client » est souvent demandé à tous les salariés, de la production à la finance, du personnel au commercial. Par ailleurs, dans le processus de fabrication d'un produit ou d'un service, à tout moment, chacun est client et fournisseur d'un autre service. La comptabilité fournit des chiffres à la direction générale, le personnel rencontre les représentants des salariés, la recherche travaille avec la production... Ce sont là des situations d'échange où il est nécessaire de comprendre la demande, son évolution future, de chercher à s'adapter pour avoir le meilleur produit ou service et d'agir pour que l'idée ou la proposition soit adoptée. C'est faire du marketing en interne.

▬▬▬ Pourquoi une direction du marketing ?

☐ Il est nécessaire d'avoir une structure adaptée pour mieux cerner les clients, analyser leur demande, prévoir les évolutions, adapter les produits et coordonner la mise en œuvre. Cela relève du marketing de la demande. La direction du marketing est là aussi pour concevoir les produits de demain, se préparer à modifier les données du marché. Cela relève alors du marketing de l'offre.

☐ L'objectif principal du chef de produit ou de marché est de chercher à bien connaître son marché et ses clients. Les études et les recherches sont la première de ses démarches. Avec le directeur du marketing, il va élaborer le plan marketing : « Comment s'adapter au marché, sur quels segments se positionner, quels sont les moyens dont nous avons besoin pour les résultats que nous visons ? » Vient ensuite la tâche de coordination pour mettre en œuvre le plan. Le chef produit est une interface entre la recherche, la production, la logistique, la finance, le personnel et le commercial. Il participe à la définition des objectifs de ces différentes directions et doit donc avoir les qualités de communication nécessaires.

☐ Certaines fonctions marketing sont plus centrées sur un aspect et nécessitent des spécialistes pour diriger les études, la publicité et la promotion, etc.

Selon les entreprises, la direction du marketing est plus ou moins importante. Pour les produits de grande consommation, le marketing est souvent assez développé. Dans d'autres entreprises, particulièrement les petites, c'est la direction commerciale ou générale qui doit assumer cette fonction.

▬▬▬ Une organisation par produit ou par marché ?

Un même produit peut s'adresser à plusieurs marchés (grand public, collectivités, export). Selon la taille de l'entreprise et celle des marchés, on peut trouver une organisation par marché ou par produit. Dans les très grandes entreprises (alimentaires, par exemple), on trouve une organisation croisée produit-marché.

LE MARKETING VICTIME DE SON SUCCÈS

■ Une position clé à l'intérieur d'une structure flexible

La prise en compte du marché à l'intérieur de l'entreprise a progressivement donné ses lettres de noblesse à la fonction marketing. Participant à l'élaboration et à la mise en œuvre des stratégies, elle occupe aujourd'hui une position privilégiée au sein de la structure. Parallèlement, toute l'organisation de l'entreprise doit pouvoir communiquer et se mobiliser rapidement autour de ses projets pour être en phase avec une demande qui évolue toujours plus rapidement. Ce besoin de réactivité s'est traduit par la diminution du nombre des échelons et la mise en œuvre de structures matricielles plus flexibles, au détriment de l'organisation pyramidale traditionnelle. La direction marketing, constituée de chefs de produit, occupe désormais une position stratégique au sein du processus d'information de l'entreprise. Ces derniers assurent la coordination de l'ensemble des actions autour d'un même produit.

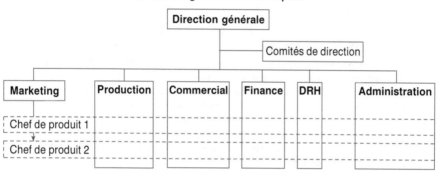

Le marketing au sein de l'entreprise

Structure marketing et taille de l'entreprise

500 MF	500 à 1 000 MF	> 1 000 MF
1 chef de produit	1 directeur du marketing ou 1 chef de groupe	1 directeur du marketing
1 assistant chef de produit	3 chefs de produit	3 chefs de groupe responsable Études
	2 assistants chef de produit	7 chefs de produit
		3 assistants chef de produit

Source : Bernard Julhiet

■ Le rapprochement du marketing et de la vente

Au sein des grands groupes, la fonction marketing stratégique tend à remonter au niveau du siège (mondial, européen) et le marketing opérationnel se rapproche du commercial. En prise directe avec le client, le service commercial acquiert une nouvelle autorité sur l'amont et ne se contente plus de son seul savoir-vendre. Ce rapprochement des fonctions va de pair avec la décentralisation des lieux de décisions et la segmentation des marchés.

FONDEMENTS

ANALYSE DE MARCHÉ

PRODUIT

DISTRIBUTION

PUBLICITÉ

COMMUNICATION

La vocation de l'entreprise et la stratégie marketing

La stratégie marketing s'inscrit dans le cadre de la stratégie générale de l'entreprise. Elle répond aux objectifs à long terme de celle-ci, à sa vocation et à ses missions.

▰▰▰▰ La vocation de l'entreprise

La première force de l'entreprise est d'affirmer sa vocation (le pourquoi de son existence) en une phrase de quelques mots. Tel grand magasin dit : « Rendre mes clients heureux », telle entreprise de l'agro-alimentaire : « Contribuer à améliorer la santé dans le monde par une meilleure alimentation », telle compagnie de prévoyance : « Aider les gens à faire face ». Ce sont ces grandes définitions qui déterminent les axes sur lesquels les gens de marketing doivent travailler. Comment remplir sa mission en répondant au mieux aux besoins du consommateur ? Le marketing est à la croisée des désirs et besoins du consommateur et de la volonté de l'entreprise.

▰▰▰▰ La volonté des dirigeants

☐ Elle se traduit par une vision à long terme. Sur la base de la définition de la vocation de l'entreprise, il est nécessaire de prévoir le futur, d'indiquer où l'on veut aller. Rappelons-nous la phrase de Sénèque : « Il n'y a pas de vent favorable pour qui ne sait où il va. » La direction générale indique quelle est sa vision du futur, vers quel point aller. La volonté des dirigeants se traduit par des objectifs. Le directeur du marketing et son équipe élaboreront un plan pour atteindre ces objectifs. La direction du marketing peut contribuer à aider les dirigeants à avoir une vision plus claire du futur par des études de type prospectif.

☐ La Poste, depuis plusieurs années, affirme sa volonté de changement par son slogan « Bougez avec la Poste » et par l'entrée de ses produits dans les métiers de la banque et de l'assurance.

☐ Si, en Europe, nous avons de plus en plus l'habitude d'élaborer des plans à trois ans, il faut savoir que les Japonais, dans les grandes entreprises, font des plans à dix ans, avec le détail des actions année par année. C'était, et c'est peut-être encore, une de leurs grandes forces.

▰▰▰▰ Le plan à long terme

Un plan est un moyen pour atteindre des objectifs. Lorsqu'il y a continuation de l'activité et utilisation des mêmes moyens, la mise en œuvre nécessite seulement une bonne organisation et une bonne gestion. Mais, dans la plupart des cas, l'adaptation est nécessaire, pour apprendre de nouveaux métiers, en supprimer d'autres, effectuer des changements. Dans ce cas, il est essentiel de coordonner tous les services, de la direction du personnel aux finances, de la production à la logistique. Le marketing, par sa connaissance du marché et par sa fonction transversale au sein de l'entreprise, est une fonction clé pour indiquer les tendances actuelles et futures, impulser une orientation, que l'ensemble de l'entreprise doit comprendre pour l'adopter et la mettre en œuvre.

LE MARKETING PARADOXAL
DES PRODUITS DE LUXE

■ Un marketing spécifique

Le marché des produits de luxe doit son succès à la qualité de ses produits, à leur originalité, mais aussi et peut-être d'abord à leur rareté. Cette gestion de la pénurie (ce qui est rare est cher) semble antinomique avec le marketing dont le principe de base est d'élargir autant que faire se peut la diffusion du produit. Des solutions marketing originales devront être mises en œuvre pour respecter la vocation de l'entreprise.

Cinq paradoxes fondamentaux	Le constat	Les solutions
La demande	Du fait du prix élevé, il devrait être aisé de caractériser la clientèle d'un produit de luxe. En pratique, le revenu n'explique pas tout, et le luxe ne se résume pas seulement à la clientèle des privilégiés. Il faut tenir compte de la dimension symbolique et affective du produit.	Deux marchés du luxe cohabitent : l'achat de la marque pour le paraître (le magnétisme) et l'achat du produit pour sa qualité intrinsèque (la légitimité). La difficulté est de se positionner à la limite de ces deux orientations sans nuire à l'une ou à l'autre.
Le produit	Le luxe est souvent futile et ne présente pas d'avantages fonctionnels évidents. L'avantage est d'abord psychologique (satisfaction, statut). Tous les détails comptent : de la ficelle du paquet au sourire de la vendeuse.	L'apport du créateur est essentiel. Plutôt qu'un marketing de la demande, il faut pratiquer un marketing de l'offre. À défaut de définir les produits, les études permettront de préciser les attentes.
Le prix	Au luxe est associé un prix élevé. Mais quel est le bon prix ? En théorie, le prix repose sur une analyse des coûts et du positionnement concurrentiel. Pour le luxe, il en va tout autrement. Le produit de luxe ne se compare qu'à lui-même.	C'est la valeur perçue par la clientèle (savoir-faire, prestige, image) qui permettra d'élaborer une tarification ou, plus exactement, d'apprécier le niveau auquel il faut se situer (combien est-on prêt à mettre ?).
La distribution	Le réseau de distribution est là pour faciliter l'accès du produit aux marchés. Le luxe doit gérer la diffusion de ses produits tout en n'oubliant pas que la rareté est l'une des bases de sa réussite.	Une distribution sélective, un nombre limité de boutiques permettent de contrôler la distribution. À défaut, une forte personnalisation autour du produit (série numérotée) autorise une certaine banalisation de la diffusion.
La communication	Le luxe fascine. C'est un secteur où le rédactionnel gratuit représente autant que la publicité payante. Une médiatisation à outrance nuit cependant au produit (banalisation).	La communication doit être luxueuse et la qualité se retrouver à tous les niveaux (matériaux, visuels, décors). Le message diffusé dans des magazines portera sur les référentiels d'appartenance (le métier) plutôt que sur le produit.

D'après Bernard Dubois, *Revue française de gestion*, janvier-février 1992

FONDEMENTS

ANALYSE DE MARCHÉ

PRODUIT

DISTRIBUTION

PUBLICITÉ

COMMUNICATION

Le marketing social et politique

Le marketing n'est pas l'apanage des entreprises. Il peut être utilement exploité pour les actions humanitaires, la politique, l'administration. Sa démarche est alors similaire à celle employée en entreprise.

■■■■ L'extension de la démarche marketing

□ Les principales applications du marketing portent sur des biens matériels. Mais la démarche marketing s'est étendue à l'immatériel.

□ Qui sont mes clients ? Qu'attendent-ils de moi ? Où vais-je les trouver, à qui m'adresser particulièrement, comment leur parler ? Ce sont des questions que peuvent se poser aussi bien des organisations humanitaires que la Sécurité sociale, l'Armée, l'Administration ou un candidat à des élections… Le marketing cherchant à convaincre, son existence peut être utilisée au service de grandes causes.

■■■■ Le marketing social

□ De nombreux organismes ont une vocation d'entraide (Armée du salut, Croix-Rouge, Unicef, Ligue des droits de l'homme, etc.), d'amélioration des conditions de vie (Caisses de retraites et de prévoyance, Prévention routière, lutte contre le cancer), ou de transformation des institutions (associations de défense de consommateurs ou d'usagers, certains partis politiques, etc.). La démarche marketing peut être adaptée à ces secteurs.

□ Même si les buts et les objectifs d'une cause sociale sont clairs (aider une catégorie sociale, améliorer certains aspects de la vie collective), il faut tout de même procéder à une analyse-diagnostic de la situation pour connaître les attitudes, les motivations et les comportements des personnes concernées afin de mesurer les freins et les opportunités. De même, dans un plan marketing, le choix des cibles est important pour mieux sensibiliser à la cause et atteindre les objectifs. Pour les éléments moteurs, on peut choisir entre la contrainte (exemple : lois anti-tabac), la persuasion (exemple : la propreté des villes), l'éducation (exemple : la prévention routière).

□ Pour une cause sociale, le « produit » est souvent l'adoption d'un nouveau comportement. Avec les Restos du cœur, la générosité est un comportement qui a été remis en valeur.

■■■■ Le marketing politique

□ Le marketing a trouvé sa place en politique. Depuis quelques années, il est apparu comme normal de « vendre » un bon candidat ou une bonne politique. La démarche est la même que pour un produit. Une étude de marché portant sur les préoccupations et aspirations des électeurs, l'image des partis et des candidats, les comportements électoraux est réalisée.

□ Le plan marketing comporte la définition des cibles et les éléments moteurs de la campagne (axés sur le parti ou sur le candidat). Le candidat, son équipe, son programme, ses engagements, sa stratégie de communication et le réseau des soutiens à sa candidature font partie de ce que l'on appelle le *marketing mix* du candidat politique.

LILLE BATTUE D'UNE COURTE TÊTE

◼ L'événementiel au service d'une région

En s'étant portée candidate à l'organisation des Jeux olympiques de 2004, la ville de Lille souhaitait revaloriser l'image de la métropole et de la région en mobilisant l'ensemble de ses forces vives autour d'un projet susceptible d'insuffler un nouvel élan économique.

◼ Une mobilisation de tous les partenaires économiques et sociaux

Pour mener à bien cette opération d'envergure, il était rapidement apparu nécessaire d'y associer les entreprises et la population dans son ensemble. Afin d'éviter que le projet ne soit récupéré par les politiques – nous étions alors en période de campagne présidentielle – une association, Lille Europe olympique 2004, appuyée par une équipe de consultants en communication, s'est chargée de monter le dossier. Ses premières tâches furent de sensibiliser l'opinion et de recueillir son adhésion.

◼ Communiquer pour la victoire

Un premier budget de 3 millions de francs (sur fonds privés et publics) fut consacré à la diffusion de bulletins de soutien auprès du grand public (lors de la braderie de Lille, dans les universités, chez les particuliers par l'entremise de sociétés de vente par correspondance comme la Redoute et les 3 Suisses, *via* les points de vente du Crédit du Nord, de Décathlon et de Norauto). Plus de 117 000 signatures ont ainsi été rassemblées. Parallèlement, 1 500 articles sont parus dans la presse, entre juin et novembre 1995, pour expliciter le contenu et le coût du projet. Un logo et une vidéo de trois minutes furent même réalisés pour l'occasion. De nombreuses personnalités sportives (Marie-Jo Perec, Michel Jazy) vinrent soutenir le projet. Tous ces efforts aboutirent, à la fin de 1995, à la victoire de Lille sur Lyon pour porter les couleurs de la France lors de la sélection au plan international.

◼ Le Nord gagne en notoriété

Pour prétendre concourir aux phases finales des sélections organisées par le Comité international olympique, Lille se devait encore de devenir le champion de l'Europe. Une somme de 75 millions de francs, débloquée à parts égales par l'État, la ville de Lille, la Région et une société civile regroupant les entreprises partenaires et les particuliers servit à asseoir la notoriété de la ville à l'étranger auprès des VIP et des jeunes. Malgré tous ces efforts, Lille fut battue d'une courte tête par Athènes pour représenter la candidature européenne. Il n'en reste pas moins que ces différentes actions ont contribué à mieux faire connaître et apprécier Lille et sa région.

FONDEMENTS

ANALYSE DE MARCHÉ

PRODUIT

DISTRIBUTION

PUBLICITÉ

COMMUNICATION

L'enseignement du marketing

Le marketing s'apprend, traditionnellement, dans les écoles de commerce, les IUT et les classes de BTS et, de plus en plus, en université. Mais l'ultime école est l'entreprise.

■■■■■ L'enseignement supérieur

☐ On cite généralement les écoles de commerce comme étant les meilleures formatrices en marketing. Leur enseignement vient souvent des États-Unis, car c'est là que le marketing est né. De prestigieux enseignants, par exemple Philip Kotler, y développent de nombreuses recherches et écrivent des ouvrages. Ces ouvrages s'appuient forcément sur une approche théorique et mécaniste du sujet. C'est pourquoi, dans ces mêmes universités américaines et dans les grandes écoles de commerce françaises, s'est développé ultérieurement l'enseignement par les cas qui, face à des situations réelles et passées, permettent d'appréhender de façon pragmatique le marketing. C'est aussi ce type d'enseignement que l'on retrouve dans les organismes de formation continue, où la pratique alterne avec les exposés.

☐ Les IUT et les classes de BTS, de plus en plus prisés par les professionnels du marketing, ont un enseignement beaucoup plus tourné vers l'opérationnel et les techniques liées au marketing (les études, la communication, la distribution, la vente…).

■■■■■ Le marketing par le terrain

☐ L'apprentissage par le terrain est devenu l'un des meilleurs moyens complémentaires de se former au marketing. Les entreprises de produits de grande consommation, par exemple les fabricants de produits détergents ou les grands groupes alimentaires, sont souvent considérées comme les meilleurs marketeurs. Confrontées à une concurrence très professionnelle, à des marchés en perpétuelle mutation, elles ont des équipes très performantes.

☐ Les prestataires de service sont nombreux dans les métiers du marketing. Les sociétés d'études de marché, les agences de publicité, les agences conseil en promotion ou marketing direct sont aussi de bonnes écoles pour se former au marketing et acquérir une expérience sur de nombreux marchés. Faire partie, pendant deux à trois ans, de ces sociétés permet d'appréhender le marketing à travers une grande variété de cas.

☐ En entreprise, l'apprentissage va aller de la conception au lancement du produit, et notamment porter sur la coordination avec les différents services d'une entreprise et ses partenaires extérieurs. En revanche, chez un prestataire de service, l'apprentissage portera plus sur une spécificité (étude, communication, promotion, etc.), mais la confrontation de plusieurs expériences acquises auprès de plusieurs clients donne une compétence plus pointue sur le sujet.

☐ Le passage par la vente permet de mieux appréhender les attentes du client, qu'il soit distributeur ou consommateur. C'est aussi un excellent moyen de connaître les circuits de distribution ainsi que les motivations d'une force de vente.

LES FILIÈRES DE L'ENSEIGNEMENT DU MARKETING

Les formations au marketing sont en général des formations moyennes et longues à l'université ou dans une grande école. Il est cependant possible de commencer par une formation courte DUT ou BTS dans le domaine de la vente et de poursuivre par une spécialisation marketing.

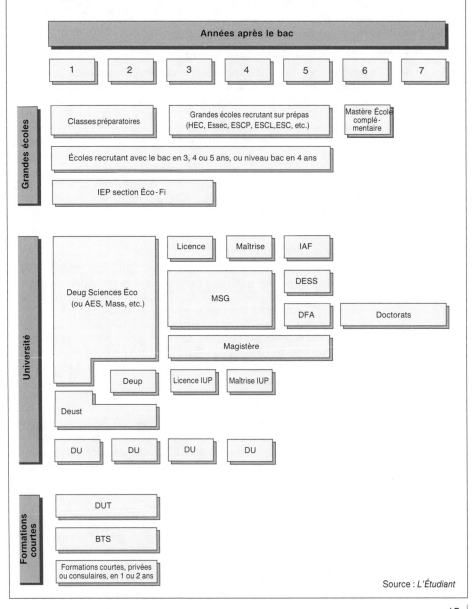

Source : *L'Étudiant*

15

FONDEMENTS

ANALYSE DE MARCHÉ

PRODUIT

DISTRIBUTION

PUBLICITÉ

COMMUNICATION

Les carrières du marketing

Démarrer une carrière dans le marketing ne veut pas dire y passer sa vie. La fonction marketing, par ses aspects d'anticipation, de coordination, de prise en compte du client, est un passage privilégié pour accéder à des fonctions de direction générale. La fonction marketing représente donc une bonne opportunité de carrière.

Démarrer une carrière dans le marketing

☐ C'est le désir de nombreux étudiants après les universités et les écoles. Les places ne sont pas nombreuses et les écoles de commerce ont la part belle. Une enquête a montré que 28 % des chefs de produit ont fait une grande école de commerce parisienne (HEC, Essec, ESCP, IEP), 37 % une école de commerce de province, 14 % ont un diplôme d'une école d'ingénieur. Les diplômes sont une clé d'entrée pour les postes de responsabilités. Mais d'autres opportunités existent : 36 % des responsables du merchandising ont un niveau bac+2 ; dans les sociétés de services (études, publicité, promotion), les formations diverses sont les bienvenues.
☐ Ce sont surtout les qualités personnelles qui font la différence entre les candidats. C'est un métier d'interface avec toutes les autres fonctions de l'entreprise. Les qualités requises sont la curiosité, la rigueur, le recul, le management, la créativité.

Un tremplin pour d'autres fonctions

☐ Le marketing mène généralement, au fil du temps, à des fonctions plus élargies. Au début, il est recommandé de passer quelques mois dans la vente. Après quelques années comme chef de produit, il est possible d'intégrer une direction du marketing ou une fonction commerciale couvrant à la fois le marketing et les ventes.
☐ Il faut donc savoir apprendre son métier patiemment, sur le terrain, avant de progresser. Le changement d'entreprise est courant dans les métiers du marketing. Si le temps passé sur le terrain est de 10 % lorsque l'on est chef de produit, il passe à 25 % lorsque l'on a des responsabilités de direction commerciale. Les qualités requises portent alors plus sur le management.

Une profession qui se féminise

Plus de 50 % des chefs de produit sont des femmes. Le marketing est une excellente opportunité pour les femmes qui veulent faire carrière. Pourtant, on constate à ce jour que plus le poste devient à responsabilité, plus les hommes sont majoritaires. Ce fait va peut-être changer avec l'évolution démographique constatée dans ce métier.

Des salaires confortables qui rencontrent la crise

Un chef de groupe marketing a, en moyenne, à 31 ans, un salaire annuel brut de 350 000 francs. À 36/37 ans, un directeur du marketing gagnera, en moyenne, 450 000 francs. Ce sont des salaires confortables. Mais avec la crise, les entreprises cherchent à diminuer leurs coûts. Parallèlement à la baisse des responsabilités et de l'autonomie, les recrutements se font à des niveaux inférieurs à ceux pratiqués précédemment. Les rémunérations suivent cette tendance à la baisse.

DES MÉTIERS À FORT POTENTIEL

■ Chef de produit : la clé de la réussite

Responsable de la gestion marketing d'un ou de plusieurs produits au sein de l'entre-prise, le chef de produit occupe une position stratégique. Au-delà de ses missions (analyse du marché, intervention sur les spécifications fonctionnelles du produit et leurs évolutions, participation à la définition des approches commerciales et aux objec-tifs de vente, coordination des campagnes de promotion et de communication) il est le trait d'union entre tous les services de l'entreprise concernés de près ou de loin par le produit (de la production, en passant par les services administratifs jusqu'au service après vente). Cette connaissance de l'entreprise est un atout essentiel qui lui permet d'évoluer facilement vers des postes à plus grandes responsabilités.

La fonction est occupée en général par de jeunes cadres (34 ans en moyenne) qui y accèdent après une expérience professionnelle de quelques années.

Rémunération annuelle globale d'un chef de produit senior en 1998 (en KF)

| Secteur | Formation/Âge | | | | | |
| | Inférieure à Bac + 5 | | | Bac + 5 et plus | | |
	– de 30 ans	de 30 à 35	+ de 35 ans	– de 30 ans	de 30 à 35	+ de 35 ans
Ensemble des secteurs	226	264	313	251	293	347
Agro-alimentaire	234	279	335	255	303	364
Hygiène/Cosmétiques/Pharmacie	237	282	338	257	306	368
Biens semi-durables	208	248	298	227	270	324
Chimie/Parachimie/Plastique	211	251	301	229	273	328
Métallurgie/Mécanique/Automobile	212	252	302	230	274	329
Électricité/Électronique/Informatique/ Bureautique	217	259	311	237	282	338
Services financiers	227	270	325	247	294	353

Source : *Maesina International Search.*

■ Des rémunérations attractives pour les postes de direction

L'analyse comparative des rémunéra-tions témoigne de l'importance des fonc-tions marketing dans l'entreprise, même si des écarts importants existent entre les États. Ces écarts doivent toutefois être tempérés par les différences concernant l'organisation des prélèvements sociaux, par les disparités économiques, les varia-tions de change et le coût de la vie en général.

Les rémunérations brutes des dirigeants en Europe en 1998 (en Euro)

Fonction	France	Allemagne	Espagne	Angleterre	Italie
Directeur marketing et vente	106,6	189,5	100,5	127,7	113,2
Directeur marketing	86,5	138,2	100,6	102,2	86,3
Directeur national des ventes	84,2	146,8	83,5	93,8	86,4
Responsable grands comptes	56,8	110,7	54,7	70,7	55,4
Chef de groupe de produits	62,0	108,2	61,3	71,7	45,4

Source : *Maesina International Search.*   Base : 1 Euro = 6,50 FF.

FONDEMENTS
ANALYSE DE MARCHÉ
PRODUIT
DISTRIBUTION
PUBLICITÉ
COMMUNICATION

L'analyse de l'environnement

L'approche méthodologique pour analyser le contexte concurrentiel a été formalisée par Michael Porter. Elle est fondée sur les cinq « forces » : la rivalité entre les entreprises du secteur, la menace d'entrée de concurrents, la position des fournisseurs, la position des clients, la menace d'arrivée de produits de substitution.

■■■■ La rivalité entre les entreprises du secteur

La première analyse que l'on peut faire d'un secteur est celle des acteurs en présence. Quels sont leurs produits, leurs parts de marché, leurs forces, leurs faiblesses, leur stratégie... Cette analyse passe par une bonne connaissance des sociétés, obtenue soit par des études soit par l'information que l'on peut trouver dans le domaine public ou sur le terrain. Cette approche, souvent simple, doit être complétée par une analyse de l'environnement du secteur.

■■■■ Les pressions exercées par les fournisseurs et les clients

☐ Ces pressions sont fonction du pouvoir relatif des fournisseurs et des clients. Il est donc nécessaire d'étudier les relations que le domaine d'activité entretient avec l'amont (les fournisseurs) et l'aval (les clients). Les critères à étudier sont, entre autres : la concentration relative (le poids des plus gros clients ou des plus gros fournisseurs), la qualité liée (les fabricants de micro-ordinateurs sont liés à la qualité des fabricants de micro-processeurs), la différenciation des produits (possibilité de substitution), les possibilités ou risques d'intégration amont-aval. Exemple : Danone (ex-BSN), industriel de l'emballage verre, a successivement intégré les bières (Kronenbourg), l'eau minérale (Évian), le yaourt (Danone)...
☐ De même, le poids des principaux clients est à intégrer dans cette analyse de l'environnement. Pour les entreprises de grande consommation, les trois premiers distributeurs (Leclerc, Intermarché, Carrefour) représentent souvent près de 40 % du chiffre d'affaires.

■■■■ Les menaces externes

☐ Elles peuvent venir soit de l'entrée de nouveaux concurrents soit de l'arrivée de produits de substitution.
☐ Les nouveaux entrants viennent d'entreprises choisissant la voie de la diversification : rentrant sur ce secteur, ils peuvent apporter une offre compétitive, par la connaissance de métiers qu'ils maîtrisent dans d'autres secteurs ou par leur expérience dans d'autres pays.
☐ La menace des produits de substitution vient surtout de l'évolution technologique. Il est donc nécessaire d'anticiper ces menaces par une observation large et prospective. Le café moulu a supprimé le marché des moulins à café, le briquet à gaz jetable a remplacé le briquet à essence.
☐ Les menaces externes doivent être évaluées en fonction des barrières d'entrée (avantages de coût, économies d'échelle, coût de transfert, accès à la distribution, différenciation possible, réel avantage concurrentiel). D'autres menaces doivent être étudiées pour un secteur : risques d'évolution de la législation (tabac et alcool), d'évolution des marchés et des échanges (accords Gatt, UE, accords de Lomé, etc.).

SE PROTÉGER DE LA CONCURRENCE

■ Profiter des économies d'échelle

Le coût unitaire de fabrication diminue avec l'augmentation des quantités produites. Les coûts fixes (administration, entrepôt de stockage) sont répartis sur un plus grand nombre de produits, les coûts variables baissent (moins de perte de matière première, meilleures conditions tarifaires) et le poids de l'investissement relatif diminue. Pour concurrencer les entreprises en place, un nouvel entrant doit donc produire à grande échelle pour bénéficier des mêmes conditions de coût. À défaut, la marge dégagée risque d'être trop faible pour rentabiliser l'opération, compte tenu du prix pratiqué sur le marché.

■ Jouer sur les facteurs indépendants de la taille

La détention d'une technologie associée à un produit et protégée par un brevet, un accès privilégié aux matières premières (compagnies pétrolières), de bons emplacements représentent des barrières souvent infranchissables. Il faut également tenir compte de l'effet d'expérience lié à l'amélioration des méthodes de fabrication, du savoir-faire en général. Il se traduit par la diminution d'un certain pourcentage des coûts unitaires de fabrication à chaque doublement de la production cumulée et se retrouve dans l'industrie (aviation) comme dans les services (traitement des dossiers administratifs).

■ Imposer des apports en capitaux importants

Les firmes déjà en place bénéficient d'un avantage lorsque le droit d'entrée est particulièrement conséquent (industrie lourde) et/ou repose sur des investissements irrécupérables en cas d'échec (spécificité des infrastructures pour un parc de loisirs, campagne massive de communication pour se créer une image).

■ Créer des coûts de transfert

Toute entreprise satisfaite de ses fournisseurs n'en changera pas facilement (remise en cause des habitudes et des procédures), et la qualité des produits reste à prouver sur la durée. De plus, certaines sociétés fidélisent leurs clients par des services associés souvent incontournables (logiciel de comptabilité fourni par les grossistes répartiteurs aux officines).

Source : M. Porter, *Choix stratégique et Concurrence*, Economica, 1982.

■ Détenir des circuits de distribution

Il ne suffit pas de fabriquer ses produits, il faut aussi pouvoir les distribuer. Plus le nombre des circuits de gros ou de détail est limité et plus ils seront déjà utilisés par les entreprises en place, plus l'entrée dans le secteur sera difficile. Dans la grande distribution, il faut être référencé. Tout constructeur automobile doit disposer d'un réseau de concessionnaires dense pour assurer la vente mais surtout le service après-vente.

FONDEMENTS

ANALYSE DE MARCHÉ

PRODUIT

DISTRIBUTION

PUBLICITÉ

COMMUNICATION

L'analyse du portefeuille

Deux méthodes permettent d'évaluer le portefeuille produits d'une entreprise. Elles déterminent les menaces et les opportunités pour l'entreprise, ses forces et ses faiblesses, pour l'aider à fixer des axes de développement. Deux cabinets de conseil, Boston Consulting Group et McKinsey, ont développé ces méthodes.

La détermination des groupes stratégiques

☐ Dans un même secteur, les performances sont très différentes selon les choix stratégiques des entreprises. Il faut essayer de comparer ce qui est comparable et donc regrouper les entreprises ayant des caractéristiques identiques ou proches.

☐ Les critères de segmentation (structuration) sont : le degré de spécialisation, la politique de prix, le mode de distribution, la politique de services annexes, le niveau de qualité, la politique commerciale, le degré d'intégration. Les comparaisons de performance doivent être faites entre des groupes homogènes.

La dynamique concurrentielle et les choix stratégiques

Dans un même groupe stratégique, les entreprises peuvent adopter une politique offensive, défensive ou proactive, c'est-à-dire qui exploite la dynamique concurrentielle. Si les possibilités de différenciation sont fortes et l'avantage concurrentiel potentiel fort, l'entreprise peut jouer à fond la carte de la différenciation. Si les possibilités de différenciation sont faibles, l'entreprise peut avoir une stratégie de volume. Dans l'un et l'autre cas, les stratégies marketing, notamment pour la mise en œuvre, seront adaptées.

L'analyse du Boston Consulting Group

☐ Le Boston Consulting Group, cabinet de conseil américain, a été l'un des premiers à développer les techniques d'analyse de portefeuille. Deux axes d'analyse sont retenus : le marché et la position de l'entreprise. Pour le marché, le critère retenu est le taux de croissance du segment sur lequel l'entreprise est présente avec ses différents produits. Pour la position de l'entreprise, c'est la part de marché relative qui est retenue comme critère d'évaluation.

☐ Quatre catégories de produits sont ainsi définis : les « vaches à lait », les « étoiles », les « dilemmes », les « poids morts ». Pour « les vaches à lait », la stratégie va consister à maintenir leur position de force et à générer l'argent nécessaire au développement des autres produits. Les « étoiles » ont besoin de ressources pour maintenir leur position de leader. Les « dilemmes » nécessitent des ressources pour améliorer leur part de marché relative ou se retirent du segment. Pour les « poids morts », l'entreprise doit faire le choix d'une révision de sa stratégie.

L'approche de McKinsey

Pour McKinsey, autre cabinet américain de conseil en stratégie, le marché est évalué en fonction de ses attraits. Plusieurs critères sont pris en compte : taille, croissance, nombre d'acteurs, possibilité de différenciation… L'entreprise, elle, est évaluée en fonction de ses atouts. Là aussi, plusieurs critères peuvent être étudiés : part de marché, part relative, avantages technologiques, image de marque, etc.

■ La matrice BCG

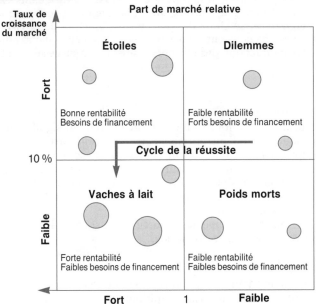

■ **Une représentation synthétique des forces et des faiblesses de l'entreprise**

Les activités sont positionnées sur la matrice en fonction de leur taux de croissance (faible : < 10 % par an, fort : > 10 % par an) et de la part de marché relative de l'entreprise face à ses concurrents (l'axe horizontal se lit de la droite vers la gauche : au-delà de 1, l'entreprise domine son secteur). Chaque activité de l'entreprise est représentée par un cercle dont le diamètre est proportionnel à son poids dans le total des activités.

■ **Tendre vers un portefeuille équilibré**

Suivant le quadrant qu'elles occupent, les différentes activités contribuent de manière très différente à la rentabilité de l'entreprise. Les activités à fort taux de croissance sont dévoreuses de capitaux.

Pour améliorer ses parts de marché ou tout simplement se maintenir comme leader, l'entreprise devra investir massivement. Les « vaches à lait » vont permettre tout à la fois d'assurer les équilibres financiers (quelques grands acteurs sur un marché stabilisé se partagent des marges confortables) et de financer les nouvelles activités en pleine croissance. Le cycle de la réussite consiste, pour l'entreprise, à faire passer progressivement ses activités de l'état de « dilemme » à celui de « vache à lait ». Les entreprises qui n'auraient que des activités à fort ou à faible taux de croissance sont particulièrement vulnérables. Les premières manqueront de ressources pour financer leur croissance et devront soit quitter le secteur soit trouver de nouveaux partenaires. Les secondes sont certes profitables mais, n'investissant pas pour le futur, cette situation ne peut être que de courte durée.

FONDEMENTS

ANALYSE DE MARCHÉ

PRODUIT

DISTRIBUTION

PUBLICITÉ

COMMUNICATION

Le choix des objectifs

Après l'analyse, il faut faire des choix. Les dirigeants expriment alors leur volonté stratégique et la communiquent pour la mettre en œuvre. Le choix des objectifs est fonction de la vision à long terme, de la volonté et des ressources qui peuvent être allouées. La communication des objectifs contribue au succès de la stratégie.

■■■■ La volonté stratégique

☐ Une stratégie exprime une volonté. Elle doit être clairement signifiée et partagée. S'appuyant sur les métiers de l'entreprise, la stratégie doit parfaitement définir la vocation de l'entreprise, ses valeurs, les missions qu'elle se donne.

☐ Les grandes stratégies résultent toujours de volontés fortes. Les Japonais ont montré que des choix clairs, précis, ambitieux pouvaient faire trembler les grands. Qui aurait pensé, dans les années 70, que l'industrie automobile japonaise allait bouleverser l'industrie américaine ?

☐ La force de conviction et le partage des objectifs sont souvent les meilleurs points de départ de choix des objectifs stratégiques.

■■■■ Le choix des objectifs

☐ Les choix peuvent s'appuyer sur la maîtrise effective de métiers et de compétences ou sur la capacité à les maîtriser rapidement. Le choix des objectifs doit aussi être guidé par les valeurs de l'entreprise, les missions qui sont les siennes et la vocation qu'elle s'est donnée. La définition des valeurs, des missions, de la vocation peut évoluer dans le temps. Une compagnie de chemins de fer qui ne se définit que par la connaissance du métier ferroviaire ne restera que dans le transport ferroviaire. En revanche, si elle se définit comme une société de transport ou de communication, son champ d'action sera plus large, et ses perspectives de développement plus grandes. La SNCF s'est ainsi développée dans le transport par car, avec Cariane, et dans l'hôtellerie, avec Frantour.

☐ Les choix stratégiques doivent clairement définir le positionnement de l'entreprise, ce qui fait sa particularité, ce qui la rend unique, et les avantages concurrentiels qu'elle possédera par rapport aux concurrents de son secteur.

☐ Les ressources sont souvent la justification de certains choix. Il est exact que les ressources (financières, humaines, énergétiques…) sont limitées. Il est donc nécessaire de classer les options et choix possibles et de se limiter aux moyens dont on dispose.

■■■■ Communication et motivation

La communication et la compréhension des objectifs sont des facteurs clés du succès de toute stratégie : clarté, simplicité et force du message permettent souvent à des stratégies jugées tout juste acceptables par les experts de réussir. Cette communication s'adresse d'abord au personnel de l'entreprise et au réseau. Il est intéressant d'y associer également actionnaires, fournisseurs et clients. L'implication de l'ensemble des intervenants est un avantage concurrentiel fort. La communication et la mobilisation des salariés et partenaires de l'entreprise (clients et fournisseurs) est d'autant plus facile que la légitimité des objectifs est forte.

ACCORDER SES OBJECTIFS

Au-delà de la présentation des résultats, l'assemblée générale des actionnaires permet de faire passer un certain nombre de messages forts. Comme de nombreuses entreprises, le groupe Accor en profite pour exposer ses stratégies par marché et ses objectifs à court et moyen termes.

■ 1994 : le tournant

Après des années de diversification, le groupe Accor décide de concentrer ses forces sur ses deux activités principales et complémentaires : l'hôtellerie (en développant tout particulièrement sa présence sur la zone Asie-Pacifique) et les services aux entreprises. Le groupe se sépare donc des actifs non stratégiques (cession, en 1994, de la restauration publique, concédée au groupe Charter-House) et se focalise sur ses facteurs clés de succès.

■ L'hôtellerie, le retour aux vraies valeurs

Après des années difficiles, dues à une conjoncture internationale déprimée, l'hôtellerie traditionnelle a repris son essor.

Les trois axes prioritaires continuent d'être les suivants : améliorer la qualité, accroître la productivité et mieux adapter les offres de services à l'évolution d'une clientèle de plus en plus exigeante. Plus généralement, Accor prend pleinement conscience que son métier – son savoir-faire susceptible de valoriser son offre produit – ne repose pas sur la propriété des hôtels mais sur la maîtrise de leur gestion : priorité est ainsi donnée à la franchise et aux contrats de gérance. En 1997, le parc du groupe représente plus de 300 000 chambres (100 000 en propriété, 100 000 en location et 100 000 en franchise).

■ Les services aux entreprises : jouer la complémentarité

Par nature peu capitalistique, la complémentarité de ces services avec l'activité hôtelière est évidente. Accor est ainsi devenu le leader mondial des titres de service, avec une part de marché de plus de 50 %. Nouveaux produits et expansion géographique constituent les orientations prioritaires.

Grands domaines d'activité et exemples d'objectifs

Secteur		Objectifs
Hôtellerie	Hôtel Sofitel	Promouvoir la renommée internationale d'hôtels haut de gamme en centre ville
	Hôtel Mercure	Constituer un réseau de 1 000 hôtels avant l'an 2000
	Hôtel Ibis	Projet Ibis 2003 : Favoriser l'efficacité et la convivialité pour en faire une référence de l'hôtellerie économique au XXIe siècle
Services aux entreprises	Titres de service	Aborder de nouveaux marchés en Europe et en Amérique latine
	Restauration collective	Acquisitions locales et croissance interne
	Agences de voyages	Asseoir la présence mondiale de l'alliance Carlson Wagon-lit Travel, créée en 1994, auprès des entreprises
Le groupe et la société	Actions sociales	Mobilisation pour l'emploi des personnes défavorisées
	Personnel	Optimiser les ressources humaines et les compétences professionnelles
	Environnement	Rechercher la qualité à tous les niveaux : recyclage, architecture, gestion de l'eau…

D'après Accor, Rapport annuel 1994

FONDEMENTS

ANALYSE DE MARCHÉ

PRODUIT

DISTRIBUTION

PUBLICITÉ

COMMUNICATION

La segmentation des marchés

La parfaite connaissance de son marché et la particularité de la segmentation permettent d'élaborer des stratégies pertinentes et de mieux en définir la mise en œuvre.

Quel est l'univers pertinent ?

Un marché peut être local, national ou international. Il est important de connaître les flux des définitions de marché que nous retenons, notamment de « l'import » et de « l'export ». Tel marché de l'agro-alimentaire est-il local, national ou internatio-nal ? Le marché du sucre est international : acheteurs et producteurs agissent sur le marché mondial, les flux sont internationaux. Le marché d'une spécialité locale, un vin de pays par exemple, peut se limiter à une région. Il est donc important de définir la « pertinence » de son marché.

Quels sont les critères de segmentation ?

☐ La segmentation par l'offre consiste, à partir d'un produit de base, à proposer des variantes (taille, composition, emballage, prix) s'adressant à des sous-marchés homogènes. La segmentation par la demande consiste à regrouper les clients en sous-ensembles homogènes ayant des caractéristiques communes. Pour les pro-duits de grande consommation, les critères habituellement retenus sont le sexe, l'âge, la catégorie professionnelle, le revenu. Ces critères sont-ils pertinents, expli-catifs du comportement d'achat ? Les études permettront d'apporter la réponse.

☐ Pour obtenir une bonne segmentation, il faut identifier les facteurs clés de succès possibles, regrouper les clients selon des critères d'achat et de comportement : par exemple, la sécurité par rapport au risque est un critère déterminant pour seg-menter les produits d'assurance.

☐ Des groupes de clients ayant des comportements homogènes sont ainsi définis pour pouvoir mieux « cibler » à la fois l'offre produit (produits spécifiques pour tel type de clientèle) et les moyens de la communiquer. Il est important de limiter la démarche pour ne pas arriver à des segmentations trop fines et peu opérationnelles (à la limite, il y aurait autant de segments que de clients).

Quel est l'intérêt d'une bonne segmentation ?

☐ Que l'on parte de l'offre ou de la demande, une bonne segmentation permet de bien allouer les ressources dont on dispose. À des attentes particulières, on peut associer des produits spécialement adaptés, avec une communication bien ciblée. Gamme, présentation, prix, mode de distribution et de communication seront mis au point pour chaque segment. On peut choisir de n'attaquer qu'un seul segment de marché pour ensuite élargir soit son offre soit sa clientèle.

☐ Apple a ainsi démarré dans la micro-informatique en s'adressant d'abord aux uni-versitaires et aux scientifiques, pour s'orienter ensuite vers le grand public et les entreprises. Dans ces dernières, l'informatique individuelle complète les gros sys-tèmes.

POUR BIEN CONDUIRE SES TARIFS

■ À chacun sa prime

La connaissance précise des risques par grande catégorie d'assurés garantit les équilibres de gestion au niveau de la compagnie (rapport sinistres/primes) tout en accroissant les performances commerciales sur le terrain (construction des argumentaires et calcul des primes).

■ Au carrefour des critères

Les critères de segmentation de la population des conducteurs sont tout à la fois fonction du profil du conducteur, de sa situation professionnelle et des caractéristiques du véhicule assuré.

Les critères de base de la segmentation pour l'élaboration des grilles tarifaires des assureurs

Sur le véhicule	Sur le conducteur
Âge du véhicule	Antécédents
Modalité d'acquisition	Situation de famille
Nombre de km parcourus	Ancienneté du permis
Valeur du véhicule	Profession
Performance	Taux de bonus/malus
Garage, antivol	

Incidence de la catégorie professionnelle sur la taxation

Catégorie	Profession	Réduction/majoration en % par rapport à la catégorie 1
1.	Sociétés, gros commerçants, salariés non sédentaires	0
2.	Inactif, étudiant	– 20
3.	Petits commerçants, salariés sédentaires	– 25
4.	Artisan	– 34
5.	Fonctionnaires ou assimilés	– 41
6.	Enseignants et leurs retraités	– 50
7.	Agriculteurs, exploitation familiale	– 52,5
8.	Profession annexe de l'agriculture	– 34
9.	Retraités des catégories 1, 3, 4 et 8	– 41

D'après Scor Techn., avril 1995

■ De nouvelles voies de recherche

La sinistralité passée de l'assuré (bonus/malus) conditionne encore largement le calcul du montant de la prime. Or, la mauvaise conduite d'un assuré peut engendrer des accidents sans pour autant le mettre en tort. Un contrat basé sur une étude du risque en fonction du mode de vie de l'assuré serait plus juste. Une analyse sociologique du Centre de communication avancée répartit les assurés en quatre grandes catégories : « l'équilibriste », à la recherche de l'assurance minimum, « l'exigeant », qui optimise le rapport coût/prestation, le « disci-pliné », qui tente de diminuer le risque au maximum, et « l'impulsif », qui perçoit l'assurance comme une taxe et une obligation.

■ Les limites de la segmentation

Trop de segmentation risque aussi de tuer l'intérêt de la segmentation. De l'assuré qui omettrait des informations pour ne pas être pénalisé, en passant par le courtier qui rejetterait un système trop complexe à gérer, jusqu'à l'assureur tenté de ne couvrir que les risques mineurs, les possibilités d'un dérapage du système existent.

FONDEMENTS

ANALYSE DE MARCHÉ

PRODUIT

DISTRIBUTION

PUBLICITÉ

COMMUNICATION

Le positionnement

> Le positionnement permet d'identifier l'entreprise ou le produit en indiquant clairement sa différence par rapport aux concurrents. Le positionnement fait partie à la fois de la stratégie de l'entreprise et de la mise en œuvre du plan d'action marketing. Trois types de positionnement peuvent être définis.

■■■■ Le positionnement de l'entreprise

C'est l'indication de la différence de l'entreprise par rapport à la concurrence. En termes maritimes, ce sont les coordonnées d'un bateau. En prenant la même image, il ne faut pas que tous les bateaux soient sur le même banc de poissons, car même si celui-ci est grand, il y a peut-être d'autres opportunités, où les bancs sont plus petits mais la concurrence moins grande et la qualité différente (peut-être meilleure). LVMH s'est ainsi positionné sur le luxe à l'échelon mondial.

■■■■ Le positionnement de la marque

☐ Le positionnement unique de l'entreprise n'est pas toujours facile : présence sur des marchés différents, sous-produits… Une politique de marques est décidée par l'entreprise. Chaque marque occupe un territoire avec un positionnement spécifique qui la différencie des marques concurrentes. Ce positionnement peut être défini, par exemple, en termes de prix, d'usage, de consommation, d'image.

☐ Les lessiviers (Procter & Gamble, Lever, Henkel, Colgate) ont une stratégie basée sur plusieurs marques pour couvrir tous les segments de clientèle. Sur le marché de la distribution de la hi-fi, Darty et la Fnac ont des positionnements d'enseigne bien différents : l'un, le prix et le service après-vente, l'autre, le service par le conseil.

■■■■ Le positionnement du produit

☐ Le positionnement est souvent lié à une cible. Un même produit peut avoir plusieurs positionnements possibles. Un restaurant qui sert de la bonne cuisine traditionnelle pourrait se positionner comme « le bon restaurant des petites occasions » pour toutes les populations : la cible est large, la fréquence de visite faible ; « le restaurant des hommes d'affaires ou des cadres d'entreprise qui veulent un bon repas à prix abordable » : la cible est plus étroite, mais la fréquence de visite est plus grande.

☐ On a tout intérêt à retenir un positionnement clair et cohérent. Dans le cas d'une gamme de produits, chaque constituant doit être lui-même en cohérence avec le positionnement général de la gamme.

■■■■ La validation de la cohérence

☐ L'existence d'une cohérence transversale entreprise-marques-produits est un élément fondamental de la stratégie d'entreprise, sa vérification relève en permanence de la stratégie marketing.

☐ La réussite passe par un positionnement clair, fort, soutenu par une solide justification. Il peut relever d'un ou de plusieurs atouts : innovation technique, qualité, prix, service, publicité, distribution, prescription.

LES VOIES DE LA DIFFÉRENCIATION

■ Imposer son prix à défaut de pouvoir dominer par les coûts

Seules les très grosses entreprises, qui produisent en masse des produits banalisés, peuvent s'imposer sur les marchés par des prix attractifs. Toutes les autres entreprises, soit en raison de leur taille relativement faible soit en raison d'un marché étroit, doivent faire accepter au consommateur, par une stratégie de différenciation, un prix de vente susceptible de générer une marge suffisante.

■ Quatre grandes stratégies de différenciation

1. Les stratégies d'amélioration : le supplément de valeur est tout à fait perceptible par le consommateur, qui accepte d'en payer le prix. Les produits haut de gamme font partie de cette catégorie (une montre Cartier, par rapport à une Casio, offre un plus en termes de qualité, de design, d'image...).

2. Les stratégies de spécialisation : l'entreprise cible ici de façon explicite une clientèle particulière, seule susceptible de valoriser son offre (les ciseaux pour gaucher de la marque finlandaise Fiskars).

3. Les stratégies d'épuration : l'offre incorpore une valeur inférieure au produit de référence standard sur le marché. Le consommateur en est parfaitement conscient, et la décision d'achat se fait uniquement sur le prix (la marque automobile Lada).

4. Les stratégies de limitation : l'entreprise a déterminé ici un segment du marché susceptible de se contenter d'une offre dégradée pour un prix moindre (« formule déclic » d'Itineris).

Les stratégies de différenciation

	Concerne tout le marché	Vise un segment du marché	
Accroissement du couple « valeur-prix » par rapport à l'offre de référence	Stratégies d'amélioration	Stratégies de spécialisation	Différenciation par le haut
Diminution du couple « valeur-prix »	Stratégies d'épuration	Stratégies de limitation	Différenciation par le bas
	Segmentation *a posteriori*, provoquée par l'offre différenciée	Segmentation *a priori*, déterminant le caractère spécifique de l'offre différenciée	

Source : Strategor, Politique générale d'entreprise, InterEditions, 1993

FONDEMENTS

ANALYSE DE MARCHÉ

PRODUIT

DISTRIBUTION

PUBLICITÉ

COMMUNICATION

La stratégie de marque

Au départ, la marque est un signe distinctif qui permet d'identifier le produit qui la porte. Quand une entreprise inscrit une marque sur un produit, c'est pour signifier une valeur supplémentaire : la marque doit être une garantie apportée par son créateur, c'est la caution que le client achète en même temps que le produit.

Au cœur du marketing

☐ Il y a des marques qui inspirent la confiance, d'autres qui laissent indifférent, d'autres qui sont douteuses. Il y a des marques tellement ancrées dans l'esprit qu'on les utilise de façon générique pour désigner un produit : un bic, un frigidaire, un kleenex.

☐ Les marques sont en perpétuelle évolution : sur certains marchés, les produits sans marque sapent des positions estimées inattaquables ; d'autres secteurs, au contraire, tels les produits techniques ou les services, s'ouvrent peu à peu aux marques.

☐ Pour des achats impliquants, nécessitant une forme d'acte de foi, la marque joue un rôle capital : devant la variété du choix, dans la crainte de « se faire avoir », le client se tourne vers une bonne marque, une marque sérieuse. C'est vrai lorsqu'il s'agit d'un achat pour soi, c'est encore plus vrai lorsqu'il s'agit d'un produit destiné à être offert.

L'approche stratégique

Les responsables marketing savent qu'une marque forte est un avantage concurrentiel considérable, tant auprès des consommateurs que des distributeurs, eux aussi confrontés à l'obligation de faire un choix face à la pléthore de l'offre des fournisseurs. Quand on parle de bonne ou mauvaise image de marque, on se place du point de vue du récepteur, soumis aux multiples messages sur la marque : son opinion, sa propre expérience, les on-dit, les propos des journalistes, la publicité. Gérer la marque, c'est d'abord suivre l'évolution de sa notoriété spontanée ou suggérée (pourcentage de personnes capables de citer la marque) et de son image. Mais l'image n'est jamais qu'un reflet. Il est beaucoup plus important de se placer du côté émetteur, du côté actif : pour obtenir des effets positifs sur l'image, il faut gérer l'identité de la marque.

La cohérence de la stratégie de marque

La stratégie de marque consiste précisément à traiter celle-ci comme un capital qu'il faut entretenir et faire fructifier. Cette stratégie doit veiller à la cohérence et à la pleine exploitation des multiples facettes de la marque, entre autres :

– ses signes : dessin, logotype, emplacement des signes sur les produits ;

– son sens : une marque possède des qualificatifs (chic, moderne, sérieuse, économique) et leurs contraires (vulgaire, démodée, pas sérieuse, chère, etc.) ;

– sa valeur de contrat implicite : le produit portant une marque de fabrication ou de distribution intègre un engagement du producteur ou du distributeur ;

– sa communication : actions de publicité ou de promotion des ventes, actions de mécénat ou de sponsoring associant une marque à un événement ;

– son unicité : les marques fortes sont en permanence copiées ou contrefaites, c'est un devoir d'en assurer la protection et la défense ;

– sa valeur marchande : une marque peut être achetée ou concédée.

LES DISTRIBUTEURS IMPOSENT LEUR MARQUE

■ Les distributeurs élargissent le champ d'action de leurs marques

On assiste depuis une dizaine d'années à la montée en puissance des « marques propres » ou MDD (marques de distributeurs) au sein de la grande distribution. Ces produits ainsi labellisés viennent concurrencer sur les mêmes linéaires les produits dits « de marque nationale » (Danone, Nestlé, Lustucru, Coca Cola...).

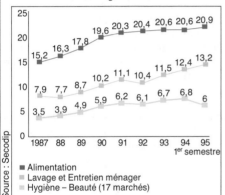

Part des marques de distributeurs
Pourcentage en volume

Source : Secodip

■ Alimentation
■ Lavage et Entretien ménager
■ Hygiène – Beauté (17 marchés)

marque First Line). Certaines enseignes proposent même des produits totalement originaux et non plus de simples copies (cola transparent chez Casino, goût révulsif dans les produits d'entretien chez Système U).

Enfin, de véritables stratégies de gamme sont parfois mises en œuvre : le City Marché de Monoprix (avec Monoprix Gourmet pour la clientèle aisée, Monoprix La Forme pour les femmes et Vite-Prêt pour les urbains).

Un ordinateur First Line (Carrefour)

Après un positionnement bas de gamme en agroalimentaire dans les années 70 (réservé aujourd'hui aux articles dits « premiers prix »), la stratégie est aux MDD de qualité. Ces produits, au packaging attirant, présentent des caractéristiques proches voire comparables à celles des produits leaders, tout en étant moins chers.

■ Une véritable stratégie marketing

Tous les rayons sont touchés par ce phénomène : de l'épicerie fine (champagne ou foie gras chez Auchan et Casino) en passant par les vêtements (Tissaia de Leclerc) jusqu'à la haute technologie (hifi ou informatique chez Carrefour avec la

■ Fidéliser la clientèle tout en améliorant les marges

Cette stratégie présente de multiples avantages pour le distributeur : un accroissement de la rentabilité avec une marge de 12 à 15 points supérieure à celle laissée par les produits nationaux, des produits originaux parfaitement ciblés aux attentes de la clientèle, un plus pour développer les campagnes de communication et se différencier des concurrents, une arme dans le cadre des négociations avec les marques nationales, des fournisseurs attitrés et captifs qui réalisent des produits à partir d'un cahier des charges précis.

FONDEMENTS

ANALYSE DE MARCHÉ

PRODUIT

DISTRIBUTION

PUBLICITÉ

COMMUNICATION

La validation du plan marketing

Avant la mise en œuvre d'un plan marketing, il faut s'assurer qu'il correspond aux critères de décisions choisis et qu'il vérifie des principes de cohérence, d'adaptation et de sécurité.

■■■■ La validation par rapport aux critères de décision

Le plan marketing est élaboré en fonction des buts, des objectifs et des contraintes qui ont été précisés préalablement. Au final, il faut s'assurer que le plan de manœuvre est cohérent par rapport à ces critères. Si tel n'est pas le cas, il faut revoir soit le plan d'action soit les critères préalables. Certaines contraintes doivent parfois être remises en cause, souvent en fonction de la perspective à moyen ou long terme que l'on veut choisir. Par exemple, le lancement d'un nouveau produit nécessitant l'achat de produits consommables ou le réachat de pièces une fois l'acquisition faite (appareils photo, rasoirs, imprimantes) peut avoir une contrainte de rentabilité financière faible ou nulle, sachant que la marge se fera sur les fournitures ultérieures ou sur les contrats d'entretien.

■■■■ Le principe de cohérence

Le principe de cohérence exige que chacune des composantes du *marketing mix* (produit, emballage, prix, communication, distribution) soit cohérente avec toutes les autres et avec le plan d'action qui le sous-tend. Il faut donc vérifier qu'il n'y ait pas de déséquilibre voire d'antagonismes.

■■■■ Le principe d'adaptation

La stratégie doit être adaptée à la fois au marché qu'elle vise et à la firme qui va la mettre en œuvre. Une bonne stratégie peut être inadaptée à une entreprise, soit pour des questions d'inadéquation des ressources (humaines, financières ou physiques) soit pour des raisons d'inadéquation aux valeurs, aux missions ou à la vocation de l'entreprise.

■■■■ Le principe de supériorité ou d'avantage concurrentiel

Sur un aspect au moins, la stratégie marketing doit assurer un avantage concurrentiel significatif, défendable et durable. Ce peut être la gamme, le produit ou le service (par exemple, le contrat de confiance de Darty), le prix (par exemple, les supermarchés de maxidiscompte), la publicité (budget supérieur ou meilleure création donnant un fort impact ; exemple : Cachou Lajaunie), la qualité de l'équipe de vendeurs, etc.

■■■■ Le principe de sécurité

Une stratégie marketing ne doit pas retenir que les hypothèses hautes. Dans les prévisions, il faut envisager plusieurs scénarios, notamment des stratégies de repli au cas où certaines hypothèses ne se réaliseraient pas au cours du lancement. Être trop optimiste est acrobatique. Mais il est parfois difficile pour un chef de produit de recommander le non-lancement de la gamme sur laquelle il travaille depuis plusieurs mois pour cause de risques trop élevés.

LA MISSION DE L'ENTREPRISE

La planification des opérations marketing d'un produit s'inscrit dans le cadre de la politique générale de l'entreprise, qui vise à assurer la pérennité de l'organisation en tenant compte de son histoire, de son environnement et de ses atouts. En aucune manière, les actions marketing projetées (pour le court terme) ne devront être en contradiction avec les objectifs stratégiques de l'entreprise (pour le moyen et le long terme) ni nuire aux autres activités du groupe. Il est donc important de se référer en permanence à la mission, aux objectifs et aux choix stratégiques de l'entreprise (croissance de parts de marchés, diversification, intégration, etc.).

Différentes formes de développement

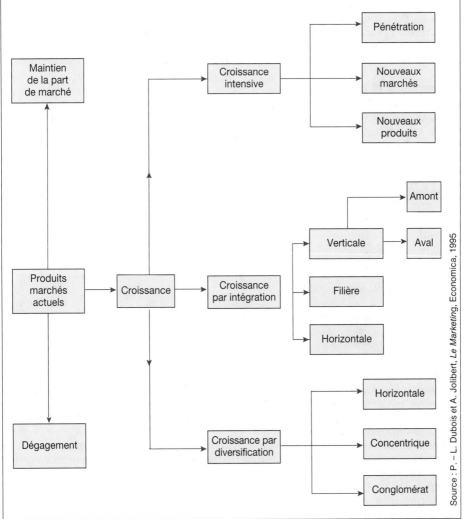

Source : P. – L. Dubois et A. Jolibert, *Le Marketing*, Economica, 1995

FONDEMENTS

ANALYSE DE MARCHÉ

PRODUIT

DISTRIBUTION

PUBLICITÉ

COMMUNICATION

Le plan d'action

Le plan d'action marketing comprend plusieurs rubriques qu'il est nécessaire de suivre pour optimiser les chances de succès de la stratégie adoptée : cible et positionnement, *marketing mix*, ordonnancement, planification et budget. La mise en œuvre exige une grande coordination entre les différents services de l'entreprise.

Les préliminaires

☐ Un plan est souvent précédé par un diagnostic du marché (opportunités, menaces…) et de la position de l'entreprise (forces et faiblesses). Les grands axes d'orientation sur les choix stratégiques sont définis.

☐ En tête du plan d'action, un rappel est nécessaire sur les buts, les objectifs et les contraintes : quels seront, en définitive, les critères de décision pour choisir telle ou telle option ? Ces critères doivent être énoncés (exemples : profit, croissance).

Cible et positionnement

À qui veut-on s'adresser ? Dans chacun des cas (chacune des cibles), comment veut-on se positionner ? (En général, une phrase simple vaut mieux qu'un long discours.) Quels sont les points de levier permettant d'affirmer et d'asseoir le positionnement ? (avantages techniques, prix, communication…).

Le *marketing mix*

C'est la définition du « comment » de la mise en œuvre de la stratégie marketing.
– Le produit (contenu) : largeur de la gamme, variétés, formats, variantes, caractéristiques techniques, aspects innovants.
– L'emballage (contenant) : présentation, groupage, décor et qualité de celui-ci.
– Le prix : haut de gamme, milieu de gamme, premier prix, position par rapport au marché et à la concurrence.
– La communication : publicité, promotion, marketing direct, relations presse, relations publiques, argumentaires.
– La distribution : quels circuits pour mettre les produits à disposition des clients ? Quels réseaux de prescripteurs utiliser ? Quelle force de vente ?

Ordonnancement, planification et budget

☐ La mise en œuvre exige une parfaite coordination entre différents services (recherche, production, finance, juridique, force de vente, communication, etc.). Un planning précis des différentes étapes est nécessaire. Une approche méthodique s'impose, notamment pour les lancements de nouveaux produits. Il faut définir clairement qui fait quoi : la fonction marketing a un rôle de coordination important, et l'organisation est un facteur clé de succès.

☐ Enfin, on peut envisager une évolution de la stratégie marketing dans le temps. Il est alors nécessaire de planifier les différentes étapes pour réussir la mise en orbite après les allumages successifs des différents étages de la stratégie.

☐ Une synthèse budgétaire résumera les résultats des différentes options étudiées. Quoi, pourquoi, à qui, où, comment, qui, quand, combien ? Huit questions auxquelles nous devons trouver une réponse dans le plan marketing.

L'ORGANISATION DE LA PLANIFICATION

■ Les intervenants

L'élaboration du plan marketing relève du responsable des activités marketing, quelle que soit sa position hiérarchique. Suivant la taille de l'entreprise et son degré de diversification, un ou plusieurs plans pourront être mis en œuvre. Dans une petite structure, il concerne l'ensemble des produits et se confond bien souvent avec le plan stratégique. Il est alors élaboré en collaboration étroite avec la direction générale par le directeur commercial, qui fait office de responsable marketing. Dans une structure plus importante, on pourra avoir un plan marketing par produit, par marque ou par division. Chaque chef de produit élabore son propre plan. Un plan marketing global, sous l'autorité du directeur du marketing, assurera le lien entre les différents plans et la cohérence de l'ensemble. Dans les très grosses entreprises, la réalisation matérielle du plan (mais pas le choix des options, qui relève de la direction générale) peut être confiée à un service permanent de planification.

■ La périodicité

Si certains plans sont élaborés au coup par coup, notamment lorsqu'ils concernent le lancement d'un nouveau produit ou la réalisation d'opérations ponctuelles (marché test, promotion particulière), dans la plupart des cas, la politique produit est définie à l'avance. De manière à structurer et à cadrer l'élaboration du plan, le travail est découpé en grandes phases et organisé dans le temps. Chaque année, aux mêmes dates, seront approuvés les plans annuels et révisés les plans à moyen et long termes.

Exemples de cycle de planification marketing dans le temps

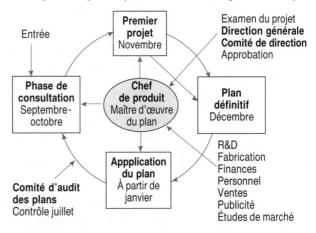

Source : R. Maricourt, *Comment construire votre plan de marketing*, *Direction et Gestion*, n° 6, 1984

■ La méthode

En premier lieu, chaque plan marketing doit être cohérent avec les plans de niveau équivalent ou supérieur (plan annuel global, plan à long terme, plan des autres produits, plan général de publicité…). Cette exigence de cohérence suppose cependant que, avant toute approbation du plan général de l'entreprise, on se soit assuré de la pertinence des plans particuliers. Aussi est-il nécessaire de prévoir un mode de fonctionnement basé à la fois sur un dialogue régulier entre les différents niveaux hiérarchiques (processus haut-bas-haut) et sur un ajustement continu entre les différents plans. Par ailleurs, l'élaboration et la mise en œuvre de certains plans très complexes devra faire appel à des outils modernes de gestion du temps (analyse du chemin critique ou Pert).

FONDEMENTS

ANALYSE DE MARCHÉ

PRODUIT

DISTRIBUTION

PUBLICITÉ

COMMUNICATION

Les prévisions, les objectifs et le budget

Tout plan marketing se termine par des prévisions de vente, des objectifs et un budget prévisionnel. L'indication de certains éléments est indispensable.

Les prévisions et les objectifs

☐ Les prévisions de ventes sont des hypothèses. Il faut les étayer au maximum et vérifier leur cohérence par rapport à ce qui peut être considéré comme réaliste. Pour apprécier les prévisions d'un plan à trois ans, il est bon de rappeler les résultats des années antérieures, notamment sur les cinq dernières années, pour pouvoir évaluer les tendances.

☐ Les rubriques à indiquer sont :
– le marché sur les cinq dernières années et les prévisions sur trois ans ;
– les taux d'évolution par année (et leurs facteurs explicatifs) ;
– les prévisions des ventes (avec l'antériorité pour les produits existants) ;
– l'évolution de la part de marché ;
– les facteurs explicatifs de l'évolution des ventes : évolution de la pénétration (nombre de clients acheteurs) de la population cible, de la distribution, de la fréquence d'achat, du taux de fidélisation, de l'image ou de la notoriété ayant une influence sur le comportement d'achat, etc. ;
– l'évolution de la part de marché des concurrents (marque, premier prix, distributeur) ;
– les facteurs explicatifs de l'évolution des concurrents, leurs réactions possibles.

☐ Prévisions et objectifs sont parfois différents dans certaines entreprises, pour inviter les gens à se surpasser. Les conséquences peuvent être négatives à cause d'un manque de crédibilité ou de cohérence des chiffres à l'interne. Un objectif peut consister simplement à dépasser les prévisions !

☐ Prévisions et objectifs de ventes doivent être le plus détaillés possible, de façon à mettre en place des indicateurs de suivi pour mesurer les écarts et décider des actions correctives.

Le budget

☐ Le budget est un chiffrage en termes de compte d'exploitation des prévisions de vente et des dépenses engagées. Le budget inclut des objectifs de résultat avec des scénarios de repli en cas de non-atteinte de ceux-ci.

☐ Pour suivre le budget, le marketing doit disposer des éléments suivants : volume des ventes, prix unitaire, ventes en valeur, coûts de fabrication, marge brute, coûts commerciaux, coûts marketing, marge commerciale, frais financiers et amortissements, marge nette.

☐ Cette synthèse des données de gestion permet de contrôler les actions et d'apporter des mesures correctrices si nécessaire (réduction des coûts, contrôle des dépenses promotionnelles, etc.).

LE POINT MORT

■ Une méthode simple et rapide

Une fois fixée la politique de *marketing mix* associée à un produit et connaissant le niveau des ventes à venir, la méthode des budgets prévisionnels permet de déterminer la rentabilité de l'opération avec précision. Cependant, le volume futur des ventes est parfois incertain (instabilité des marchés) ou difficile à estimer (produit nouveau). Aussi la méthode du point mort permet-elle, *a contrario*, de déterminer le volume des ventes minimum susceptibles de couvrir les frais de l'opération et, par extension, de déterminer le chiffre d'affaires à même de dégager la rentabilité attendue.

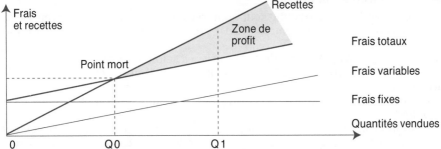

■ Les éléments du calcul

Connaissant :
Pu : le prix de vente unitaire du produit,
Cvu : le coût variable unitaire de fabrication et de distribution,
Mbu : la marge brute unitaire
(Mbu = Pu – Cvu),
F : le montant des frais fixes (frais généraux, budget marketing consacré au produit),
le point mort s'obtient en posant l'équation suivante :
(V x Mbu) – F = Sp,
avec : V : le volume des ventes,
Sp : le seuil de profit minimum recherché (Sp = 0 pour le point mort au sens strict),
soit : V = (SP + F)/Mbu.

■ Exemple d'application

Un petit laboratoire pharmaceutique désire commercialiser une nouvelle crème hydratante pour la peau en GMS (grande et moyenne surface). Ses premières estimations lui permettent de prévoir un prix de vente distributeur de 5 € le pot. Le coût variable unitaire de production et de distribution se monte à 3,5 €. Le produit dégage donc une marge brute unitaire de 1,5 € par pot. Parallèlement, le budget marketing est évalué à 500 000 € par an (référencement, campagnes publicitaires, opérations promotionnelles). Enfin, les frais généraux affectés au produit sont de 250 000 € par an.

L'entreprise se donne deux ans pour atteindre l'équilibre entre les recettes et les charges cumulées, sachant que la deuxième année les ventes devraient augmenter de 50 %.

Le volume des ventes minimum à réaliser la première année est alors de :
(V1 + V2) x Mbu – F1 – F2 = 0,
avec : V2 (ventes de la deuxième année)
= 1,5 x V1 (ventes de la première année),
F2 (frais fixes de la seconde année)
= F1 (frais fixes de la première année),
soit : (2,5 V x 1,5) – 1 500 000 = 0,
d'où : V = 1 500 000/3,75 = 400 000 pots.

FONDEMENTS

ANALYSE DE MARCHÉ

PRODUIT

DISTRIBUTION

PUBLICITÉ

COMMUNICATION

La coordination des partenaires

Un des facteurs clés de succès du marketing est la bonne organisation de la coordination qui se fait en interne, mais aussi en externe, avec les équipes extérieures à l'entreprise.

La coordination interne

☐ Les « interfaces » du marketing sont nombreuses à l'intérieur de l'entreprise :
– la recherche et développement (R&D) met au point les nouveaux produits et les nouvelles formules ;
– la production fabrique les produits ou services selon les normes retenues ;
– la logistique assure le conditionnement, la distribution et l'expédition des marchandises ;
– l'informatique met en place tous les systèmes d'information et gère les bases de données ;
– la gestion et la finance contrôlent les aspects financiers des investissements et fournissent les données de gestion pour l'analyse des résultats par produit ;
– le juridique intervient pour les dépôts de brevets, de marques, la validation des accords de partenariats ;
– la direction des ressources humaines met en place le recrutement et la formation ;
– le commercial est responsable de la vente des produits ou services.
☐ Les interlocuteurs sont donc nombreux. Il est important d'en assurer la coordination par la mise au courant de l'état d'avancement des travaux, la définition claire des responsabilités (qui fait quoi) et la fixation des étapes du projet et des intervenants sur chaque projet.

La coordination externe

☐ L'entreprise peut faire appel à des équipes extérieures pour certaines missions du développement d'un produit ou pour la mise en œuvre du plan marketing. Les plus communément appelées sont :
– les sociétés d'études, qui améliorent la connaissance de la clientèle, valident certaines hypothèses, testent les nouveaux produits, les campagnes publicitaires ;
– l'agence de publicité, de promotion ou de marketing direct, qui élabore le plan de communication avec les clients (grand public ou professionnel) et les prescripteurs, assure la création et parfois l'achat d'espace ;
– les prestataires informatiques, qui peuvent développer de nouveaux programmes ;
– les cabinets d'ingénierie, qui aident à la mise en place de nouveaux process ;
– les fournisseurs de nouveaux matériels de fabrication ou d'emballage, qui assurent la mise au point et le lancement des nouvelles machines ;
– les cabinets de design, les agences de relations publiques et relations presse, qui contribuent à la mise en œuvre de nouveaux produits ou services.
☐ Là encore, la coordination avec les partenaires extérieurs nécessite de définir clairement les objectifs, les moyens (budgets), les résultats attendus et les délais à respecter.

LIMITER LES SOURCES DE CONFLIT PAR LE DIALOGUE

Toutes les fonctions de l'entreprise sont, par définition, tournées vers la réalisation de ses objectifs généraux. En pratique, de nombreuses rivalités ou incompréhensions peuvent naître entre les différents services d'une même entreprise. Un cloisonnement plus ou moins grand avec le reste de l'organisation, la spécificité des tâches, la culture et la formation des hommes, le sens qu'ils donnent à leur mission sont autant de sources possibles de conflit. Le marketing, en prise direct avec le marché, a une responsabilité évidente de coordination. Il doit convaincre en informant et en expliquant, tout en reconnaissant les spécificités et les contraintes des autres directions.

Les différentes priorités de chaque fonction

Fonctions	Demande de la fonction concernée	Demande de la fonction marketing
Recherche et développement	Recherche fondamentale Exigence de qualité Caractéristiques fonctionnelles	Recherche appliquée Qualité perçue Caractéristiques commerciales
Ingénierie et méthodes	Conception anticipée Peu de modèles Composants standardisés	Délai réduit de conception Nombreux modèles Composants répondant aux attentes du client
Achats	Fournitures restreintes Pièces standards Prix économiques Achats par lots Achats peu fréquents	Fournitures diverses Pièces à la demande Qualité du matériau Lots de sécurité pour éviter les ruptures de stock Possibilité d'achat immédiat en fonction de l'attente des clients
Production	Délai de production long Séries importantes Peu de modèles Peu de modifications Commandes standards Fabrication aisée	Délai de production court Petites séries Nombreux modèles Modifications possibles Commandes spéciales Apparence esthétique
Finance	Dépenses planifiées Respect du budget Prix couvrant les coûts	Dépenses selon la demande Budget flexible Prix adapté au marché
Comptabilité crédits	Transaction standard Audit complet du client Faible risque en matière de crédit Procédures strictes de recouvrement	Transaction personnalisée Examen financier minimum du client Crédit facile et acceptation d'un certain niveau de risque Procédures souples de recouvrement

D'après P. Kotler et P. – L. Dubois, *Marketing Management,* Publi-Union, 1994

FONDEMENTS

ANALYSE DE MARCHÉ

PRODUIT

DISTRIBUTION

PUBLICITÉ

COMMUNICATION

Le tableau de bord

Le tableau de bord est un outil indispensable de contrôle du plan marketing. Il doit comporter le suivi des objectifs tels qu'ils ont été définis ainsi que les principales hypothèses retenues. C'est un instrument de pilotage et d'action, car il permet d'analyser en détail les causes des écarts par rapport aux objectifs.

Le suivi des objectifs

☐ Pour exercer un contrôle sur une politique, il faut que les objectifs et les normes de réalisation aient été définis clairement et, si possible, de façon quantitative. Il est nécessaire d'avoir des références quantifiables.

☐ Il faut aussi déterminer les variables à suivre pour atteindre l'objectif global et les intégrer dans le tableau de bord. Si, par exemple, l'objectif est un certain niveau de marge, il peut être décomposé en niveau des ventes, niveau des prix moyens pratiqués (en fonction des modèles vendus, des remises accordées), niveau des coûts. Chacune de ces trois variables sera suivie par les responsables des services concernés et par le marketing. La force de vente sera responsable du chiffre d'affaires et des prix moyens ; la production, des coûts.

Le suivi des hypothèses

Pour établir le plan, le responsable du marketing fait des hypothèses (taille et évolution du marché, réaction de la concurrence, évolution du comportement du consommateur, etc.). Il est nécessaire de suivre les données de base ayant servi d'hypothèses. Ainsi, par exemple, on pourra trouver dans un tableau de bord l'évolution du marché avec les principales composantes explicatives de l'évolution de celui-ci (taux de pénétration, distribution, fréquence d'achat, etc.). De même, un suivi de la concurrence est nécessaire, notamment sur les marchés fortement concurrentiels, lorsque l'entreprise lance des nouveaux produits, change de tarifs ou fait des remises et des ristournes.

Le tableau de synthèse

Simplicité, clarté et concision sont les qualités d'un bon tableau de bord. Ce n'est pas une revue marketing permanente. Il en reprend les points importants. En une page (deux maximum) comprenant les variables clés du suivi des objectifs, les décisionnaires doivent être au courant de la situation. Si des informations supplémentaires sont nécessaires pour approfondir un point particulier, une analyse complémentaire portera sur une région, par exemple, ou un produit en particulier.

Les actions correctrices

Avant de tirer des conclusions trop rapides à partir d'un tableau de bord, il faut analyser plus en détail les causes des écarts par rapport aux objectifs. Une première vérification consiste à mesurer le degré de significativité des écarts.

Les écarts constatés doivent être suivis d'actions correctrices (en termes de distribution, ventes, politique de publicité, actions spéciales), voire d'une révision du produit.

LES OUTILS DE PILOTAGE DE L'INFORMATION

■ Le tableur s'est généralisé

Les systèmes de pilotage se sont considérablement développés à l'intérieur des entreprises avec la diffusion de la micro-informatique. L'utilisation de tableurs ou de logiciels spécialisés, souvent associée aux supports papier, permet désormais aux responsables opérationnels de suivre plus précisément l'évolution de leur activité. Cependant, ces applications, propres à chaque service, nécessitent une resaisie de données internes avant de pouvoir être utilisées. La méthode est lourde, ne peut prendre en compte qu'une partie des informations (principalement l'évolution des ventes et leur comparaison avec les objectifs) et ne permet de réagir qu'avec retard sur l'événement.

Les sources d'information utilisées
(en pourcentage)

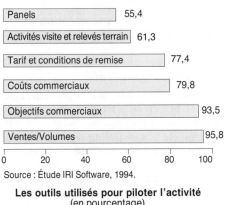

Panels	55,4
Activités visite et relevés terrain	61,3
Tarif et conditions de remise	77,4
Coûts commerciaux	79,8
Objectifs commerciaux	93,5
Ventes/Volumes	95,8

Source : Étude IRI Software, 1994.

Les outils utilisés pour piloter l'activité
(en pourcentage)

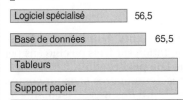

Autre	2,4
Logiciel spécialisé	56,5
Base de données	65,5
Tableurs	80,4
Support papier	80,4

Source : Étude IRI Software, 1994.

■ Les EIS investissent les structures marketing

L'EIS, ou Executive Information System, est un logiciel évolué qui repose sur une base de données multidimensionnelle dans laquelle il pioche l'ensemble des informations nécessaires, qu'il consolide à partir d'une analyse multicritères ; il présente les résultats de ses calculs sous forme de tableaux de bord et de graphiques explicites. Ce système présente de nombreux avantages. À partir d'interrogations simples, le chef de produit ou le responsable commercial peut ainsi obtenir, en temps réel, des données par client, par commercial, par produit, par région, par CA, etc. Les dérives éventuelles peuvent alors être explicitées et corrigées au plus tôt. La base de données est unique et sécurisée, peut traiter un grand nombre d'informations, est d'une utilisation simple et intuitive, s'adresse à un grand nombre d'utilisateurs et permet une prise de décision immédiate. Les EIS sont commercialisés soit directement par des éditeurs soit par des SSII (sociétés de conseil en informatique) et leurs prix varient de quelques milliers à plusieurs dizaines de milliers d'euros en fonction de leurs possibilités, du degré de personnalisation et du nombre de postes.

Présentation synthétique des deux résultats

FONDEMENTS
ANALYSE DE MARCHÉ
PRODUIT
DISTRIBUTION
PUBLICITÉ
COMMUNICATION

Le compte d'exploitation par produit

Le chef de produit est responsable de la marge réalisée sur la gamme de produits qui lui est confiée. Le plan marketing doit donc aller jusqu'au compte d'exploitation par produit.

▆▆▆ Les variables clés du compte d'exploitation

☐ Le responsable de produit est assisté par la direction financière ou la comptabilité de sa société pour obtenir les résultats essentiels concernant l'exploitation de ses produits.

☐ Les principales variables suivies seront fonction des objectifs et de la structure de coûts des produits, les plus couramment utilisées étant : le volume des ventes, le chiffre d'affaires, le prix moyen par produit vendu, le niveau des remises et ristournes, ce qui donne le chiffre d'affaires net. Viennent ensuite les coûts de fabrication ou de production : matières premières, main-d'œuvre, frais standard usine (encadrement, amortissement, etc.), transport, etc. Cela permet de mesurer la marge brute ou marge commerciale. Viennent enfin s'imputer les actions commerciales et les coûts marketing directement imputables au produit. On obtient une marge nette avant imputation des frais généraux de l'entreprise (frais de structure, publicité générale...) et des frais financiers.

☐ Selon chaque entreprise, la comptabilité analytique a une présentation particulière. Il faut veiller à ce que le mode de présentation adopté corresponde bien au suivi des objectifs fixés.

▆▆▆ Des clés de répartition des charges à définir par avance

☐ Certains frais ne peuvent être imputés spécifiquement à tel ou tel produit. La clé de répartition des charges est à trouver. Cela se fait en se posant les bonnes questions. Par exemple : en ce qui concerne une campagne publicitaire pour un modèle de voiture, on peut se demander si le coût total de la campagne doit être imputé au produit, à la gamme ou à la marque ; ou s'il faut retenir une clé de répartition entre toutes ces possibilités.

☐ La solution choisie a une influence directe sur le compte d'exploitation. De même, un produit, sans être « chargé », peut dégager une marge commerciale faible (cas d'un photocopieur par exemple), mais c'est la marge totale, incluant les marges sur les produits de réapprovisionnement (les consommables), qu'il faut considérer.

▆▆▆ Le retour sur investissement

Tout lancement de produit doit inclure les investissements, tant industriels que commerciaux, qui seront engagés. Un compte d'exploitation sur trois ou cinq ans permettra de mesurer le retour sur investissement que l'on peut espérer. Il est difficile d'imaginer convaincre son directeur général ou ses actionnaires sans un compte prévisionnel d'exploitation avec le calcul de rentabilité des investissements. Là encore, différentes hypothèses, incluant des dépassements budgétaires en fonction des difficultés rencontrées, des variations de prix selon la réaction de la concurrence, des hypothèses d'évolution du marché, peuvent être prévues.

LE COÛT DE REVIENT DU PRODUIT

■ Préférer les coûts directs aux coûts complets

Plusieurs méthodes permettent de calculer le coût de revient d'un produit. La méthode des coûts directs ne retient que les charges fixes ou variables affectables au produit (les dépenses publicitaires, la commission du vendeur, etc.). La différence entre le montant des ventes et les charges directes permet de déterminer la contribution de chaque produit (sa marge) et donc sa capacité à couvrir les charges de structure qui concernent toute l'entreprise (les services administratifs, une campagne d'image institutionnelle, etc.). Les charges de structure sont, en revanche, ventilées sur les produits dans la méthode des coûts complets. Au-delà de la lourdeur de la procédure, le choix des clés de répartition est souvent arbitraire et donc critiquable.

■ Compte d'exploitation prévisionnel type

	Produit A	Produit B
Prix de vente unitaire HT	75	50
Marge unitaire sur coûts proportionnels	15	20
Quantités vendues	500 000	400 000
Marge sur coûts proportionnels	**7 500 000**	**8 000 000**
Frais de publicité	1 125 000	1 000 000
Frais de force de vente	600 000	480 000
Contribution	**5 775 000**	**6 520 000**
Frais généraux		3 500 000
Frais financiers		800 000
Résultat avant impôt		**7 995 000**

En séparant les frais proportionnels (remises quantitatives, ristournes de fin d'année, frais directs de distribution) des autres frais, on fait apparaître une marge sur coûts proportionnels qui présente l'avantage de varier directement avec les quantités vendues et donc de faciliter les prévisions.

Les frais de publicité représentent un certain pourcentage du chiffre d'affaires (3 % pour A et 5 % pour B). Les frais de force de vente peuvent être calculés à partir du coût unitaire d'une visite (600 F par exemple) multiplié par le nombre de visites (1 000 pour A et 800 pour B).

Bien que le produit A génère un chiffre d'affaires supérieur à B, sa contribution au résultat de l'entreprise est plus faible, compte tenu de son niveau de marge. Le total des contributions permet de couvrir les charges indirectes par rapport aux produits (frais généraux et frais financiers) et laisse apparaître un résultat positif avant impôt.

■ Vers un contrôle des coûts par les activités

Plutôt que de répartir les charges par grande fonction ou centre de responsabilité à l'intérieur de l'organisation, de nouvelles approches découpent l'entreprise par activité. L'activité regroupe un ensemble cohérent et précis de tâches (la prise de commande, le routage, la livraison du produit, etc.). Le coût de revient d'un produit résulte de la quantité consommée des différentes activités. Le coût de l'activité est mesurable, mais il peut surtout être comparé à ce qui se fait à l'extérieur (un concurrent, une société spécialisée). Dès lors, pour les activités non stratégiques, l'entreprise peut plus facilement choisir entre faire et faire faire (sous-traitance).

FONDEMENTS

ANALYSE DE MARCHÉ

PRODUIT

DISTRIBUTION

PUBLICITÉ

COMMUNICATION

Les études de marché

Bien connaître le marché est le préalable de toute démarche marketing. Quelle est la clientèle visée ? Selon les cas, les études de marché vont permettre successivement d'explorer, de décrire, d'expliquer, et aussi de prévoir. Les systèmes d'aide à la décision viennent en complément.

■■■■■ L'étude exploratoire

☐ Comme son nom l'indique, elle est utilisée pour obtenir des indications plus précises ou pour vérifier certaines hypothèses très larges. Elle est également employée pour approfondir la compréhension de phénomènes complexes : par exemple, le processus de prise d'informations d'un ménage désirant acquérir un appartement.
☐ L'étude exploratoire se caractérise par le recours à de petits échantillons et une information de type qualitatif. Elle est souvent un préalable à une étude plus lourde.

■■■■■ L'étude descriptive

☐ Elle permet d'observer et de décrire un phénomène d'analyse statistique : par exemple, un achat, un équipement, une consommation, en s'appuyant sur des méthodes. La structure de l'étude descriptive dépend du phénomène étudié et des objectifs recherchés : réduire les hypothèses de départ, produire des classements utilisables pour les actions à mener, identifier les critères explicatifs. Par exemple, on étudiera les habitudes de bricolage en milieu urbain et on classera les différentes utilisations des produits selon différents « profils » de bricoleurs.
☐ Ce type d'étude apporte des images instantanées, mais ne permet pas de mettre en lumière les relations de cause à effet, de prédire les évolutions. La fiabilité des informations nécessite des échantillons relativement importants, en tout cas suffisants pour en tirer des conclusions statistiquement acceptables.

■■■■■ L'étude explicative et prédictive

Elle va plus loin en apportant des réponses aux questions « qui ? » et « quoi ? », « comment ? » et « pourquoi ? ». Dans quelques cas, et en utilisant les techniques appropriées, on parvient à identifier les causes qui engendrent des effets sur un marché. On distingue les variables explicatives des variables de réponse. Par exemple, le souci de commodité, le gain de temps, la baisse des prix expliquent l'essor des fours à micro-ondes ; celui-ci explique à son tour le développement des surgelés : il y a une corrélation entre l'accroissement du parc de fours (variable explicative) et celui de la consommation des surgelés (variable de réponse).

■■■■■ Les systèmes intelligents d'aide à la décision

Lorsqu'on dispose régulièrement d'informations fournies par des études descriptives, explicatives et prédictives sur les facteurs qui régissent l'évolution d'un marché, il devient possible de construire des modèles permettant de simuler l'impact de la modification d'une ou de plusieurs variables. Ces modèles et leur mise en application, sous l'appellation « systèmes intelligents d'aide à la décision », sont des outils de plus en plus fréquemment utilisés dans le management.

BIEN MENER SON ENQUÊTE

■ L'entreprise : une mine d'or qui s'ignore

Toute entreprise, sans qu'elle s'en rende toujours compte, détient une mine d'informations qui bien souvent peut lui éviter de faire réaliser à l'extérieur une étude de marché. Une bonne appropriation de ces données suppose d'organiser le système d'informations de manière à systématiser la collecte des données utiles et de les faire remonter vers le service marketing (CA par secteur géographique, type de produits vendus, statistiques de ventes, ventilation des coûts, données clients, courriers divers, remontées des représentants, etc.).

■ Ne pas réinventer la poudre

Des études sectorielles déjà réalisées ailleurs peuvent correspondre à une partie ou à la totalité du besoin d'information de l'entreprise. Parfois gratuites ou limitées à une somme modique pour des dossiers de presse, des analyses conduites par les fédérations ou des organismes publics (ministères, Centre français du commerce extérieur, etc.), le prix des études peut atteindre plusieurs milliers, voire plusieurs dizaines de milliers de francs, pour les études sectorielles que réalisent régulièrement des sociétés spécialisées (Eurostaf, Dafsa, etc.).

■ Pour une étude à la carte

Les données internes ou existantes sur le marché peuvent être insuffisantes ou trop anciennes. Selon ses capacités financières, l'entreprise sous-traitera tout ou partie de l'étude à un cabinet spécialisé. Pour une étude quantitative, une bonne connaissance de son métier peut lui permettre de prendre en charge la création du questionnaire. En revanche, la réalisation de l'enquête de terrain sera

confiée à un professionnel. Pour une étude qualitative, le groupe de consommateurs sera toujours choisi par un prestataire qualifié, et une expertise dans la conduite de réunions est indispensable. On choisira le prestataire par rapport à ses compétences techniques (moyens mis en œuvre), méthodologiques (type de population choisie, redressements statistiques) et à sa connaissance du secteur d'activité de l'entreprise pour une parfaite compréhension de la demande.

Top ten européen des sociétés d'études

	CA en millions d'euros	Nombre de bureaux
1. A.C. Nielsen (E.U.)	526	11
2. IMS International (E.U.)	242	11
3. GfK (D)	184	10
4. Groupe Sofres (F)	153	7
5. Research International (R.U.)	112	10
6. Infratest-Burke (D)	101	8
7. Groupe Ipsos (F)	100	6
8. Taylor Nelson AGB (R.U.)	74	3
9. MAI Information Group (R.U.)	62	2
10. Millward Brown (R.U.)	47	8

Source : Esomar

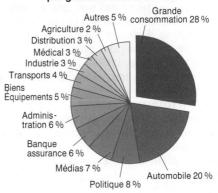

Le marché des études par grand secteur d'activité

Grande consommation 28 %
Autres 5 %
Agriculture 2 %
Distribution 3 %
Médical 3 %
Industrie 3 %
Transports 4 %
Biens Équipements 5 %
Administration 6 %
Banque assurance 6 %
Médias 7 %
Politique 8 %
Automobile 20 %

Source : Sywtec

FONDEMENTS

ANALYSE DE MARCHÉ

PRODUIT

DISTRIBUTION

PUBLICITÉ

COMMUNICATION

Le plan d'étude marketing

Le nombre, la complexité et le coût des études conduisent les entreprises à mettre en place une structure et une planification qui visent à décider de l'ensemble des études au programme selon des critères d'importance, d'urgence et de rentabilité. Son but est d'obtenir une qualité accrue et une économie des moyens.

L'identification des grands types de besoins

Il est judicieux, pour chaque produit ou pour chaque activité, de recenser, en général tous les ans, les besoins en études de marché selon trois catégories :
– les études lourdes, répétitives, qui font souvent l'objet de contrats négociés sur plusieurs années : c'est le cas des panels de distribution ou de consommation et des abonnements à des baromètres ou études sectorielles permanentes ;
– les études lourdes, exceptionnelles, qui sont, par exemple, développées lors d'un lancement de produit ;
– les études ponctuelles, légères, pouvant survenir à tout moment, dès qu'un « problème » surgit. Ce peut être le pré-test d'une offre promotionnelle, un test de modification d'emballage, un sondage après une campagne publicitaire.

L'organisation du budget

☐ L'estimation des besoins en étude pour chaque produit se présente sous la forme d'un calendrier et d'un budget. Il arrive que le plan envisagé excède les ressources allouées. Il faut alors arbitrer à partir de critères d'importance, de faisabilité, d'exploitabilité des résultats à court, moyen ou long terme, et bien entendu de coût.
☐ Le rapprochement des différentes études projetées peut aussi permettre de réaliser des économies en regroupant dans une même étude certains besoins exprimés en ordre dispersé. Il y aura intérêt à réserver une ligne budgétaire pour les études ponctuelles non prévisibles, en s'appuyant, entre autres, sur l'analyse des dépenses des années antérieures.

Le rôle du service d'études de marketing

☐ Devant l'ampleur des budgets, le temps et le niveau de connaissance requis pour piloter certaines études, la plupart des grandes entreprises n'ont pas hésité à créer des services d'études de marketing rattachés à un échelon de direction. C'est la meilleure solution pour épauler les chefs de produit.
☐ Leur rôle est de clarifier les objectifs, d'identifier la bonne méthodologie, de rédiger le cahier des charges et d'effectuer les appels d'offres, de contrôler les délais et la qualité des prestations. C'est une structure très spécialisée, qui joue en permanence un rôle de conseil et dont la présence doit se traduire par un gain de temps pour les opérationnels, des économies sur les achats par l'effet de concentration et des gains en qualité des études réalisées.
☐ La présence d'un service d'études de marketing a pour conséquence la mise en place de plans d'études : par produit, sectoriels, pour l'ensemble de l'entreprise. Dans certaines multinationales, la préparation et le suivi du plan d'études marketing font même l'objet de procédures et de méthodes définies à l'échelon international.

À CHAQUE CAS SON ÉTUDE

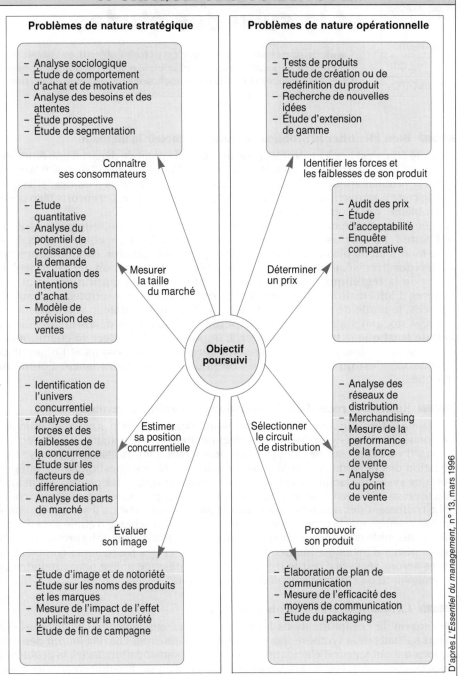

Problèmes de nature stratégique

- Analyse sociologique
- Étude de comportement d'achat et de motivation
- Analyse des besoins et des attentes
- Étude prospective
- Étude de segmentation

Connaître ses consommateurs

- Étude quantitative
- Analyse du potentiel de croissance de la demande
- Évaluation des intentions d'achat
- Modèle de prévision des ventes

Mesurer la taille du marché

- Identification de l'univers concurrentiel
- Analyse des forces et des faiblesses de la concurrence
- Étude sur les facteurs de différenciation
- Analyse des parts de marché

Estimer sa position concurrentielle

Évaluer son image

- Étude d'image et de notoriété
- Étude sur les noms des produits et les marques
- Mesure de l'impact de l'effet publicitaire sur la notoriété
- Étude de fin de campagne

Objectif poursuivi

Problèmes de nature opérationnelle

- Tests de produits
- Étude de création ou de redéfinition du produit
- Recherche de nouvelles idées
- Étude d'extension de gamme

Identifier les forces et les faiblesses de son produit

- Audit des prix
- Étude d'acceptabilité
- Enquête comparative

Déterminer un prix

- Analyse des réseaux de distribution
- Merchandising
- Mesure de la performance de la force de vente
- Analyse du point de vente

Sélectionner le circuit de distribution

Promouvoir son produit

- Élaboration de plan de communication
- Mesure de l'efficacité des moyens de communication
- Étude du packaging

D'après *L'Essentiel du management*, n° 13, mars 1996

FONDEMENTS

ANALYSE DE MARCHÉ

PRODUIT

DISTRIBUTION

PUBLICITÉ

COMMUNICATION

La mise en place et le suivi des études

Conduire une étude de marché, c'est définir l'objectif, envisager les différentes approches, assurer et contrôler le recueil des informations, les exploiter et en tirer les conclusions qui orienteront l'action.

▬▬▬ Bien identifier le problème à traiter et choisir la méthode

☐ Toute étude est liée à un problème de décision : le point de départ d'une étude est la recherche d'informations préalables à l'action. Pour l'homme d'études, il faut traduire la problématique de décision en questions et en moyens d'études, et la qualité de cette « traduction » va conditionner toute la démarche ; ici encore, bien poser le problème, c'est commencer à le résoudre…

☐ Face à un problème de décision : doit-on lancer telle ou telle campagne de publicité ?, baisser les prix pour élargir la clientèle ?, etc., le chercheur va donc faire face à un ou plusieurs objectifs de recherche : explorer, expliquer, prédire et décider précisément du mode de recueil de l'information. Ici intervient le choix de la technique : approche dite qualitative ou quantitative, celui des sources d'information : consommateurs, distributeurs, prescripteurs ou autres sources, le mode de recueil : sur le terrain, par voie postale, par téléphone ou sources documentaires. Cette étape permet d'évaluer les délais nécessaires à l'étude ainsi que le budget à engager. L'importance du budget va conditionner la décision : il doit y avoir un juste équilibre entre les moyens et l'objectif de l'étude. Ce n'est qu'à ce stade que l'on pourra valablement lancer l'étude de marché.

▬▬▬ Réaliser le recueil des informations, les traiter et les analyser

☐ Il faut à la fois s'appuyer sur des sources d'information fiables : qualification des personnes interrogées ou des sources documentaires, valeur statistique de l'échantillon s'il y a lieu, et sur des systèmes ou protocoles d'interrogation corrects : qualification des personnes chargées du recueil, qualité des questionnaires, intégration des systèmes facilitant l'exploitation (codification). Cette phase « terrain », à son tour, va elle aussi conditionner fondamentalement la valeur de la recherche.

☐ Le traitement des données sera d'autant plus aisé et riche qu'il aura été préparé en même temps que la conception de la phase terrain : le chargé d'étude aura devant lui un ensemble d'informations qu'il faudra trier, hiérarchiser, interpréter. De nouvelles pistes d'investigation peuvent apparaître, et des traitements complémentaires seront réalisés. C'est le travail d'analyse, passage obligé pour atteindre un niveau pointu de compréhension des informations.

▬▬▬ La synthèse, les éléments pour agir

De l'ensemble des informations fournies par l'analyse doivent se dégager les éléments saillants de la synthèse : concise, réduite à l'essentiel, elle doit fournir des indications qui ont valeur d'élucidation, voire de recommandation, face à la problématique de décision qui est à l'origine de la demande d'étude. Elle doit contribuer à permettre au décideur de faire ou ne pas faire, d'« y aller » ou non.

LE DÉROULEMENT D'UNE ÉTUDE DE MARCHÉ

Le besoin
Un industriel se demande s'il ne devrait pas étoffer sa gamme actuelle de mousses à raser avec un produit spécial pour les peaux sensibles.

Formalisation du besoin, définition précise du problème à traiter

Problème à traiter
– Quel va être le taux de transfert d'achat des clients sur le nouveau produit (cannibalisation) ?
– Combien va-t-on gagner de nouveaux clients et quel va être le gain net en volume sur l'ensemble de la gamme ?
– Le gain de part de marché sera-t-il suffisant pour lancer le produit, compte tenu des investissements et de la volonté de rentabiliser l'opération en moins de deux ans ?

Définition des informations à recueillir

Choix de la technique
– Test du nouveau produit auprès de la clientèle sur un échantillon représentatif de points de vente.
– Suivi et analyse de l'évolution des ventes.

Choix de la technique de recueil et des sources d'information

Délai : six mois

Coût : 100 000 euros

Évaluation du temps et du budget nécessaires

Décision de lancer l'étude

Exploitation des sources d'information, des bases de données, constitution de l'échantillon

Mise en œuvre des moyens d'investigation (chargés d'études, questionnaires, prestataires de service)

Action sur le terrain et recueil de l'information

Analyse
La part de marché pour l'ensemble de la gamme passe de 14 à 16 %, dont 6 % pour le nouveau produit (gain net 2 %, substitution 4 %).

Décision sur l'étude
L'étude est confiée à une société spécialisée, qui définit l'échantillon de magasins et recueille les statistiques de vente pour tous les produits de rasage pendant deux mois avant l'introduction du nouveau produit, puis sur quatre mois de présence.

Analyse des données

Synthèse
L'extrapolation des résultats ne permet d'envisager qu'une progression limitée de la part de marché, de 1 à 2 %. La marge dégagée paraît insuffisante pour amortir les frais de lancement, de publicité et de promotion en moins de deux ans.

Rapport de synthèse

Décision sur le lancement
Le projet est abandonné, du moins dans sa forme actuelle.

Décision et action

FONDEMENTS
ANALYSE DE MARCHÉ
PRODUIT
DISTRIBUTION
PUBLICITÉ
COMMUNICATION

Les sources internes d'information

> L'entreprise détient une mine d'informations qui sont rarement exploitées : fichiers clients, statistiques de ventes, rapports des vendeurs, courrier des réclamations.

▄▄▄▄ Les sources et les statistiques internes disponibles

☐ En premier lieu, il s'agit des éléments relatifs à l'activité commerciale, qu'une entreprise détient par nécessité : le chiffre d'affaires est l'addition des facturations de chaque produit ou service vendu à chacun des clients ! Le suivi global de l'évolution des ventes par produit est courant, l'intérêt est de l'interpréter de façon à pouvoir agir sur son évolution future : variations saisonnières, volume par région ou secteur, par canal de distribution, etc.

☐ L'exploitation des ventes à partir du fichier clients peut être une mine : évolution du chiffre d'affaires, fréquence d'achat, part de chaque produit dans les achats du client. Un des intérêts de l'approche est d'identifier les écarts autour des moyennes, de les expliquer et d'établir des hypothèses sur les moyens à mettre en œuvre pour améliorer les points faibles.

☐ Les rapports de visite des vendeurs, quand ils sont conçus pour le suivi de l'activité commerciale (réactions des distributeurs, initiatives de la concurrence), sont une source précieuse qui mérite d'être consultée et interprétée. Il en va de même du courrier clients, toujours riche d'enseignements.

▄▄▄▄ Les informations à retraiter

Les données disponibles dans les sources internes ne sont pas toujours conçues pour alimenter la réflexion marketing. Il faut souvent recourir à des traitements spéciaux pour obtenir des informations plus significatives. Par exemple, l'évolution du portefeuille de clientèle peut être analysée en procédant par sondage : plutôt que d'exploiter un fichier de 25 000 clients, il est plus facile et plus rapide de travailler sur un échantillon de 1 000, soit un taux de sondage de 4 %. La démarche sera encore affinée en établissant un classement dégressif selon le chiffre d'affaires et en appliquant des taux de sondage dégressifs : 100 % pour les 100 premiers clients, 10 % pour les 5 000 suivants et 2 % pour le reste. Il est intéressant d'étudier séparément les nouveaux clients, les clients perdus, etc.

▄▄▄▄ Les informations à recueillir

De façon périodique ou ponctuelle, les systèmes alimentant les informations internes peuvent fournir des informations supplémentaires spécifiques : relevé, par les vendeurs, des prix pratiqués par la concurrence, questionnaire sur la qualité de service adressé avec les factures, enquête de satisfaction menée par les vendeurs d'automobiles auprès de possesseurs récents, etc. Il sera utile, là encore et selon les cas, de procéder par sondage, pour autant que l'échantillon soit représentatif et que l'on puisse éviter les biais, qui risquent d'apparaître dès qu'on entre dans le domaine des opinions : il n'est pas possible d'être juge et partie !

EXPLOITER UNE MINE D'INFORMATIONS

Objectifs	Moyens/actions

Analyser le client

But
Au-delà de l'acte d'achat, étudier le comportement du client et ce qui le motive dans ses choix

Informations à rechercher prioritairement
– le dernier achat effectué,
– la fréquence d'achat sur une période (– de 2 ans),
– le montant des achats par période.

Éléments secondaires pouvant être répertoriés
– le mode de paiement,
– la ponctualité dans les règlements,
– la réaction aux actions de marketing,
– le mode d'achat (téléphone, télécopie, lettre...),
– tout autre élément en fonction du besoin spécifique de l'entreprise.

Structurer ses fichiers

But
Classer les clients en segments homogènes en termes d'attente, de comportement et de potentiel

Segmenter
– à partir des adresses, des zones de chalandise,
– à partir du secteur d'activité,
– à partir de l'âge, de la CSP, du revenu.

Quantifier
– utiliser le *scoring* : pour chaque client, attribution d'un score, c'est-à-dire d'une note qui le caractérise au sein de l'échantillon. Ce score, calculé à partir de plusieurs critères significatifs, est la moyenne des notes obtenues par chacun d'entre eux, pondérées par leur importance relative

Actualiser
– remettre périodiquement à jour les informations
– réorganiser la segmentation si besoin est

Concentrer ses actions

But
Se focaliser sur les meilleurs clients (chiffre d'affaires, marge)

Traire la clientèle active
– utiliser la règle des 20/80 (20 % des clients représentent 80 % du chiffre d'affaires) pour exploiter à fond une clientèle captive

Comprendre le retrait de la clientèle passive
– analyser (étude de terrain, enquête téléphonique, mailing) pourquoi les offres de l'entreprise ne génèrent plus ou peu de commandes de la part de certains clients (difficultés financières, concurrent mieux placé ou plus agressif, inadéquation de l'offre, insatisfaction du client)
– tenter de réactiver le client (offre préférentielle)

Alimenter la base de données de l'entreprise

But
Obtenir rapidement, à un coût acceptable, des informations stratégiques sur l'entreprise et ses clients

Réaliser sa propre base de données
– concevoir un programme informatique spécifique dans le but d'enregistrer, trier, croiser, analyser à la demande les informations contenues dans les différents fichiers

Les avantages du marketing
– segmenter finement les populations
– définir des budgets optimum et des actions performantes
– calculer facilement les retours sur investissements
– comparer ses résultats avec les données externes

Une étude préalable s'impose
– analyser au préalable les besoins et élaborer un cahier des charges précis sous peine d'échec
– éviter la multiplication excessive des informations (perte de signification, coût de traitement excessif)

FONDEMENTS

ANALYSE DE MARCHÉ

PRODUIT

DISTRIBUTION

PUBLICITÉ

COMMUNICATION

Les sources externes d'information

Nombre d'organismes publics, professionnels ou privés ont comme vocation première ou annexe le recueil et la diffusion d'informations économiques ou socio-économiques.

▬▬▬ Les études documentaires à partir des sources externes

Le recueil d'informations préexistantes est toujours utile pour aborder un secteur d'activité nouveau pour l'entreprise ou mal connu. C'est un passage obligé avant de se lancer dans une recherche marketing pointue : l'examen de bonnes sources révélera que certains des points qui font l'objet de la recherche ont déjà été abordés, partiellement peut-être, que les informations ne se recoupent pas toujours et qu'elles n'ont pas toujours la précision souhaitée. Il n'empêche que ce type d'approche permet d'avoir une meilleure connaissance d'ensemble, apporte des renseignements précieux sur certaines spécificités du secteur et aide à mieux formuler les hypothèses de travail.

▬▬▬ Les organismes publics

☐ Le plus connu est l'Insee (Institut national de la statistique et des études économiques), qui publie un ensemble d'informations couvrant des secteurs très divers : démographie, emploi, consommation, prix, activités agricoles, industrielles et commerciales, entre autres.

☐ De nombreux ministères détiennent également des informations statistiques sur les activités dont ils ont la tutelle. Il faut enfin citer la Banque de France (informations financières), l'Inpi (propriété industrielle, brevets, marques déposées, etc).

▬▬▬ Les organisations professionnelles

Les sources principales sont les Chambres de commerce et d'industrie et les associations patronales regroupées en fédérations au sein du MEDEF. Certaines des informations détenues sont réservées aux membres ou adhérents ; il est cependant possible d'y trouver, la plupart du temps, des informations sectorielles tout à fait intéressantes.

▬▬▬ Les banques de données privées

Les plus connues sont le Bipe, la Dafsa, Precepta, qui sont à la fois des collecteurs d'information et des producteurs de rapports généraux ou sectoriels et, dans les secteurs de la consommation des ménages et de la distribution, les panels GFK, Nielsen, Secodip et Sofres. Il est généralement possible d'obtenir à un prix raisonnable auprès de ces sociétés des arriérés (résultats des années passées) et des données synthétiques fort utiles.

▬▬▬ Les sources internationales

Toutes les grandes institutions internationales : ONU, FMI, UE, BIT (Bureau international du travail), Banque mondiale, etc., disposent d'un service de documentation qui peut être consulté à Paris.

L'INSEE

■ Origine et missions

Créé en 1946, l'Institut national de la statistique et des études économiques (Insee) assure le regroupement, le traitement et la diffusion de données statistiques sur l'économie et la société. L'Insee coordonne l'ensemble du système statistique public français et collabore, au niveau européen, avec les autres organismes des différents pays de la communauté.

■ La réalisation d'études et de publications

L'Insee effectue des études sur l'économie (l'économie française, les comptes de la nation, etc.) et la société (la société française, la France et ses régions, les étrangers en France, les familles monoparentales, les personnes âgées, les agriculteurs, etc.), et cela à différents niveaux (régional, national et européen). Les commentaires, qui s'appuient sur l'exploitation de données statistiques, débouchent sur des ouvrages de référence pour comprendre l'évolution de notre environnement. En quelques pages, des publications plus synthétiques axées sur le court terme (notes de conjoncture) ou traitant d'un point spécifique paraissent également régulièrement (les dépenses pour les loisirs, le vin en 1993, la consommation régulière de psychotropes, etc.).

■ La production statistique et les bases de données

En premier lieu, l'Insee est le maître d'œuvre des recensements réalisés périodiquement auprès de l'ensemble de la population française (1999 pour le plus récent). Les résultats, que l'on peut aisément consulter sur place ou acquérir directement, fournissent à un niveau plus ou moins agrégé (du quartier à la France entière) des informations particulièrement utiles dans le cadre de l'élaboration des plans marketing (population totale et par âge, taille du ménage, CSP et donc niveau de revenu, type d'habitat, etc.). L'Insee, c'est également une base de données communales (Fidel) à destination des collectivités locales comme des sociétés (analyse typologique de la clientèle, étude pour l'installation d'un point de vente, etc.) et la gestion du fichier national des entreprises françaises (Sirene), permettant de réaliser, par exemple, des opérations de marketing direct ou d'analyse de la concurrence.

L'Insee, accessible 24 heures sur 24

Téléphone	08 36 68 07 60	Obtention des principaux indices courants (indice des prix à la consommation, indice du coût de la main-d'œuvre, indice du coût de la construction, valeur actuelle du Smic, etc.).
Minitel	3615 ou 3616 code Insee	Les principaux résultats des derniers travaux de l'Insee (l'actualité économique, les publications, le recensement de la population, les informations légales, etc.).
	3617 Sirene	Le répertoire de toutes les entreprises françaises (identification, adresse, activité, date de création, effectifs, etc.).
	3617 PVI	Les principaux indices de prix professionnels (prix de vente industriel, prix agricoles, coût de la construction, taux de salaire horaire, etc.).
Internet	www.insee.fr	Présentation de l'ensemble des services.

FONDEMENTS

ANALYSE DE MARCHÉ

PRODUIT

DISTRIBUTION

PUBLICITÉ

COMMUNICATION

Les entretiens individuels

Aborder en face à face un sujet déterminé et laisser la personne s'exprimer : le marketing a intégré dans sa panoplie d'outils des techniques visant à mieux connaître les motivations des individus. Peu de comportements sont purement rationnels : les motivations expliquent les raisons subjectives de rejet ou de préférence.

▬▬▬ Plus les questions sont précises, moins on obtient d'informations

Seule la liberté d'expression permet d'obtenir une grande richesse d'information : les techniques d'approche non directive, développées, entre autres, à partir des travaux du psychothérapeute Carl Rogers, permettent de déceler ce que les individus ressentent. Les domaines de l'affectif, du subjectif, de l'irrationnel, qui conditionnent largement les comportements, sont explorés pour mettre en évidence ce que les psychologues appellent les freins et les motivations.

▬▬▬ L'entretien non directif et semi-directif

☐ L'entretien non directif consiste à explorer un sujet déterminé par la problématique d'étude, sans consigne autre que la présentation du thème général, par exemple : « Pouvez-vous me parler des vacances ? ». L'interview peut durer de une à deux heures. En effet, les informations les plus intéressantes apparaissent lorsque les personnes interrogées abandonnent le discours conventionnel pour exprimer leurs motivations.

☐ L'entretien semi-directif peut durer de une demi-heure à une heure ; il obéit au même principe, mais est orienté sur l'exploitation obligée d'un nombre limité de thèmes inscrits dans le thème central : vacances en club, les enfants et le choix du lieu, le budget vacances, les distractions pratiquées, etc. Il n'y a pas de plan de questionnaire, l'interviewer veille seulement à ce que chaque thème soit abordé et relance si nécessaire : « À ce sujet, pouvez-vous me dire… ? »

▬▬▬ Les principes de conduite des entretiens

Ce type d'étude est mené sur de petits échantillons de huit à quinze individus, le plus diversifiés possible. Les entretiens ont lieu à la suite de prises de rendez-vous avec des personnes concernées par le sujet à explorer, sans révéler celui-ci de façon précise, de façon à éviter toute forme de réflexion et de rationalisation préalable à l'entretien. L'attitude l'interviewer doit être celle de l'écoute positive et de l'empathie, qualités qui ne s'improvisent pas, mais demandent une formation et un entraînement particuliers. Les enquêteurs spécialisés dans l'entretien individuel ont en général une fonction de psychologue. Le matériel de recueil de l'information est obligatoirement le magnétophone.

▬▬▬ L'exploitation des interviews

L'analyse de contenu commence par une préanalyse, lecture de la transcription des interviews servant à identifier les indices et thèmes qui émergent du discours. Les textes sont alors découpés en unités de base qui seront regroupées par indice. L'analyste passe alors à l'analyse proprement dite, assortie de conclusions.

À LA RECHERCHE DU DÉSIR INSATISFAIT

■ Une technique qui ne s'improvise pas

Les motivations profondes de tout individu, l'attrait ou le rejet qu'il peut manifester pour un produit donné, en particulier les raisons véritables qui le poussent à l'achat, ont de multiples origines. Aussi, dans le cadre du lancement d'un nouveau produit ou dans l'élaboration d'une campagne de communication, n'est-il pas inutile de connaître les cordes émotionnelles sur lesquelles on joue.

Une conduite et une analyse sérieuse d'entretien supposent des compétences en psychologie et en sociologie. Pour que l'interviewé se dévoile totalement, il est possible de faire appel à l'hypnose. Cette technique, déjà éprouvée par Renault et la RATP, procure de très bons résultats. Cependant, le recours à des experts la rend onéreuse.

■ Cinq grands types de besoins

Même si un individu ne présente pas de symptômes névrotiques, il est soumis, dans la majorité des cas, à des désirs non comblés. L'analyse du désir, formalisée par la pyramide de A.-H. Maslow, montre qu'il existe cinq grandes catégories de besoins chez l'individu : des plus primaires, qui relèvent de l'instinct de survie, jusqu'aux plus complexes, qui traduisent la nécessité de se réaliser, le besoin de s'accomplir totalement.

On s'aperçoit qu'un même produit acheté par deux personnes différentes (profil intellectuel et/ou social) peut relever de désirs eux-mêmes différents. Les ressorts psychologiques de l'achat d'un 4 x 4 par un agriculteur (véhicule utilitaire) et un jeune citadin (appartenance à un groupe branché) diffèrent. Le constructeur automobile devra donc adapter sa communication au segment ciblé.

■ Deux conséquences pour les études marketing

Avec l'augmentation du pouvoir d'achat des consommateurs, les deux premiers niveaux de la pyramide se saturent rapidement, à la différence des trois suivants qui ne connaissent pas de limites. Aussi les méthodes d'analyse dites « quantitatives » permettent-elles de traiter parfaitement les besoins primaires et de sécurité (de l'ordre du rationnel et donc aisément quantifiables) alors que les études dites « qualitatives » se prêtent davantage à l'interprétation des autres besoins (de l'ordre de l'irrationnel et de l'émotion).

Modèle A.-H. Maslow

5. Se réaliser
4. Être reconnu
3. Appartenance à un groupe
2. Sécurité
1. Primaire (manger, se vêtir)

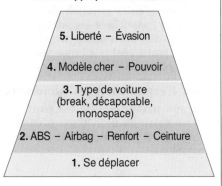

Modèle appliqué à l'automobile

5. Liberté – Évasion
4. Modèle cher – Pouvoir
3. Type de voiture (break, décapotable, monospace)
2. ABS – Airbag – Renfort – Ceinture
1. Se déplacer

FONDEMENTS

ANALYSE DE MARCHÉ

PRODUIT

DISTRIBUTION

PUBLICITÉ

COMMUNICATION

L'entretien de groupe

Un groupe possède une dynamique propre : la variété des expériences, les échanges, la confrontation des opinions permettent d'explorer un sujet, de produire des idées, de valider une hypothèse. L'exploitation des données recueillies se fait sous forme d'analyse des indices émergents.

L'effet de groupe

L'effet de groupe catalyse les échanges et la production d'opinions ou d'idées : au-delà des attitudes rationnelles, on voit apparaître l'affectivité, l'irrationnel. Ici encore, la qualité de l'animateur est primordiale : il doit faire en sorte que chacun s'exprime, veiller à limiter les prises de parole des « meneurs », éviter que le groupe ne dérape hors sujet, savoir utiliser en permanence ce qui est dit pour enrichir et approfondir la production. La durée de la réunion est de deux à trois heures.

Quand recourir à un entretien de groupe ?

☐ L'entretien de groupe est souvent utilisé pour obtenir des résultats rapides : appréciation sur un projet de campagne de publicité, réactions face à un concept de nouveau produit, prétest du contenu d'une enquête par questionnaire.

☐ Par ailleurs, il existe certains sujets d'étude pour lesquels l'entretien de groupe présente des avantages spécifiques : quand il s'agit d'étudier des attitudes et comportements liés aux phénomènes de mode ou de leadership mal observables en entretien individuel, quand les thèmes sont difficiles à aborder en face à face, tels ceux liés à la santé (assurance sur la vie, sida) ; le groupe apporte alors le soutien psychologique nécessaire à l'expression.

La sélection des participants et les supports d'animation

☐ Un groupe réunit de huit à douze personnes correspondant à la cible étudiée : consommateurs ou non de certains produits, professionnels (artisans, médecins, enseignants, etc.). Il est important que les participants ne soient pas des habitués de ce type de réunions. Il est d'usage de les rémunérer.

☐ L'animation, qui varie de une à trois heures, est enregistrée au magnétophone ou magnétoscopée. L'animateur travaille à partir d'un guide d'entretien définissant la chronologie des points à aborder. Il utilise différents supports : un tableau de papier sert à visualiser les points évoqués. Les participants peuvent être amenés à réagir sur des documents projetés ou distribués : certaines réunions sont visionnées en temps réel par la personne qui a commandé l'étude ; cela lui permet de réagir rapidement.

L'exploitation des informations recueillies

Dans son principe, elle est tout à fait comparable à celle qui est pratiquée pour un entretien individuel : préanalyse avec identification des indices émergents, découpage et regroupement par thèmes et indices, puis analyse et rapport de conclusions.

POUR UN ÉCHANGE DE QUALITÉ

■ Éviter le professionnel de l'interview

Dans le cadre des études qualitatives, contrairement à ce qui se pratique pour les enquêtes de terrain, les sondés sont rémunérés (en moyenne, 50 euros par séance). Certaines personnes, attirées par cette source de revenus complémentaires, deviennent de véritables professionnels de l'interview (on en dénombre actuellement aux alentours de 5 000 sur Paris et sa région). Certes, les individus ainsi sélectionnés pour un entretien de groupe correspondent à la cible visée. Cependant, connaissant bien les règles du jeu, leurs réponses ont tendance à devenir automatiques. Ils pervertissent leur propre discours et empêchent le groupe de réagir naturellement aux situations qui lui sont proposées.

■ Une sélection accrue

Pour éviter cet écueil, certains organismes spécialisés dans les études de marché répertorient leurs enquêtés dans un contre-fichier commun. À tout moment, il est ainsi possible de connaître la qualité des participants recrutés. D'autres instituts vont encore plus loin et analysent les postulants à l'interview au travers de plusieurs dizaines d'attributs discriminants. Cette pratique débouche sur un échantillonnage sérieux de provenances diverses (comités d'entreprise, centres sportifs, petites annonces, listings spécialisés, etc.). Parfois même, tout en ne laissant filtrer aucune indication sur le sujet réel de la réunion de groupe, certains participants sont testés au téléphone par des préquestions dérivées.

■ Le rôle clé de l'enquêteur

Dans la relation enquêteur-enquêté-sujet, le rôle de l'enquêteur est fondamental. Tout en restant neutre, il doit susciter un maximum de réponses de qualité. Suivant la nature de la réponse, plusieurs attitudes s'offrent à lui.

■ Les types de réponse

La réponse type : à partir du moment où l'interviewé donne une réponse stéréotypée à une question et ne peut s'en dégager, l'enquêteur va axer son propos sur les sentiments liés à ce stéréotype. Pour dépasser le stade du simple cliché, il devient important de faire parler la personne sur son expérience pour, par exemple, révéler les véritables motivations lors d'un acte d'achat.

La réponse technique : l'enquêteur, en fonction du niveau de détail recherché, ne pourra pas toujours se contenter d'une simple réponse et devra alors reformuler sa question au moyen d'une des cinq méthodes suivantes :

– la répétitive : les mots mêmes de l'enquêté lui sont répétés par l'enquêteur sous forme interrogative.

– L'extrême : le sens des mots est amplifié ou diminué démesurément pour obliger l'enquêté à donner la véritable tonalité de sa réponse.

– La recomposée : l'idée de l'interviewé est conservée mais lui est retransmise avec d'autres mots.

– La déviante : le résumé de la totalité ou d'une partie du discours peut entraîner la personne à aborder naturellement une nouvelle idée.

– La silencieuse : en ne réagissant pas à la réponse de l'enquêté, l'interviewer pousse celui-ci à continuer seul sa démarche et à exprimer de lui-même ses sentiments les plus forts.

| FONDEMENTS |
| ANALYSE DE MARCHÉ |
| PRODUIT |
| DISTRIBUTION |
| PUBLICITÉ |
| COMMUNICATION |

L'enquête par sondage

Bien connue du grand public, l'enquête par sondage a de nombreuses applications en marketing. La démarche repose sur trois éléments : le questionnaire, construit de façon précise ; l'échantillon, défini à partir du type de population à étudier ; le mode de recueil approprié.

▬▬ Des applications très diversifiées

Les principales applications portent sur les usages et attitudes envers les produits et les marques, les pratiques de consommation, les intentions et comportements d'achat, la notoriété et l'image des marques, la fréquentation des points de vente, etc.

▬▬ Le questionnaire, l'art de poser les questions

☐ La formulation des questions, leur clarté, l'ordre selon lequel elles sont posées vont influer sur les résultats. Les types de questions sont classés par grandes familles : questions fermées, à réponse de type oui/non ou A/B/C/D/E, pour lesquelles le choix est prédéterminé, ou questions ouvertes du type : « Quelles marques de jouets pouvez-vous citer ? » Des échelles d'opinion permettent à l'interviewé de s'exprimer selon différents degrés : tout à fait d'accord/plutôt d'accord/sans opinion/plutôt pas d'accord/pas du tout d'accord.

☐ Il faut faire attention aux « biais » introduits par la façon dont les questions sont posées ; on obtient des réponses bien différentes aux deux questions voisines : « Pensez-vous que l'on puisse trouver une solution aux problèmes de l'emploi ? » et « Pensez-vous que l'on doive chercher une solution aux problèmes de l'emploi ? ». Pour se prémunir d'une telle dérive, il est utile de prétester le questionnaire.

▬▬ La définition et le choix de l'échantillon

☐ Il faut d'abord définir les critères de la population à étudier : élèves de collèges, possesseurs de congélateurs, etc. Puis il faut constituer un échantillon. Il existe plusieurs méthodes. La méthode aléatoire correspond à un tirage au hasard dans une liste d'individus possédant la caractéristique recherchée (où l'on prend un individu tous les n). Dans la méthode des quotas, les caractéristiques de l'échantillon sont prédéterminées : mères de famille dont 30 % inactives et 70 % actives, 60 % ayant un ou deux enfants et 40 % trois enfants et plus, etc. ; à l'enquêteur de trouver les personnes correspondantes. Dans la méthode des itinéraires, l'enquêteur suit un plan de route du type deuxième rue à gauche, troisième immeuble côté pair, premier escalier, quatrième étage droite.

☐ Combien d'interviews faut-il réaliser ? Le degré de précision des résultats va conditionner la taille de l'échantillon : plus le nombre d'interviews est élevé et plus la validité statistique augmente ; la loi n'est pas proportionnelle : la précision croît comme la racine carrée de la taille de l'échantillon ; pour doubler la précision obtenue auprès de cent personnes, il faut en interroger non pas deux cents mais quatre cents.

LA VALIDITÉ STATISTIQUE DES ENQUÊTES

■ Loi des grands nombres et taille de l'échantillon

L'intérêt d'une enquête par sondage est de pouvoir, à partir d'un échantillon restreint, induire des résultats généralisables à l'ensemble d'une population de référence. La « loi des grands nombres » nous précise que la distribution (répartition de fréquences des résultats) d'un échantillon tend à ressembler de plus en plus à la distribution de fréquences de la population totale au fur et à mesure que croît la taille de l'échantillon. Cette convergence des résultats présente deux caractéristiques particulièrement intéressantes pour le statisticien. Elle évolue très rapidement et est indépendante de la taille de la population de référence. Ainsi, un sondage effectué auprès de 1 000 personnes est bien souvent suffisant pour être représentatif. Par ailleurs, il fournira autant d'informations significatives que la population se limite à 10 000 individus ou comprenne les 60 millions de Français.

■ Degré de précision d'un sondage

Des tests statistiques permettent de déterminer le degré de précision que l'on peut accorder aux estimations effectuées lors des enquêtes. Ce degré de précision ou « intervalle de confiance » exprime la probabilité d'être tombé sur la bonne réponse lors de l'enquête. Le tableau qui suit permet de déterminer, pour différentes proportions observables (niveau du résultat obtenu), l'intervalle de confiance au degré de confiance de 95 % (niveau de précision) en fonction de la taille de l'échantillon.

■ Comment utiliser la table

En supposant que l'on souhaite connaître la préférence des Français lors des élections, si l'on interroge 1 000 personnes et que 40 % d'entre elles se déclarent favorables au candidat A, le risque de s'écarter de la véritable réponse n'est que de 3 % (0,40 − 0,03 < P < 0,40 + 0,03, soit 0,37 < P < 0,43).
Inversement, si l'on cherche à estimer une proposition P dont on sait par ailleurs qu'elle sera inférieure à 5 % avec une précision de 2 %, la taille de l'échantillon nécessaire (nombre de personnes à interroger) est de N = 500.

**Précision de l'estimation d'une proportion observée (P%)
calculée à partir d'un échantillon N**

N \ Proportion observée P%	5 % ou 95 %	10 % ou 90 %	20 % ou 80 %	30 % ou 70 %	40 % ou 60 %	50 %
100	4,4	6	8	9,2	9,8	10
200	3,1	4,3	5,7	6,5	6,9	7,1
300	2,5	3,5	4,6	5,3	5,7	5,8
500	2	2,7	3,6	4,1	4,4	5
1 000	1,4	1,8	2,5	2,9	3	3,1
2 000	1	1,3	1,8	2,1	2,2	2,3
5 000	0,6	0,8	1,1	1,3	1,4	1,4
10 000	0,4	0,6	0,8	0,9	1	1

FONDEMENTS
ANALYSE DE MARCHÉ
PRODUIT
DISTRIBUTION
PUBLICITÉ
COMMUNICATION

Les modes de recueil de l'information

Chaque mode de recueil a des caractéristiques et des contraintes propres, qui vont conditionner le type et le nombre des questions qui pourront être posées et donc le type de réponses obtenues.

Le face à face

Dans la rue, à la sortie d'un commerce ou à domicile, le face à face est fondé sur la relation directe entre l'enquêteur et l'enquêté. Les conditions matérielles et la disponibilité de la personne interrogée vont jouer sur la durée et les supports utilisables par l'enquêteur. Une enquête dans le métro sur la satisfaction des voyageurs prend quelques minutes avec une dizaine de questions ; une enquête à domicile auprès de femmes de cinquante ans et plus sur la coloration capillaire peut durer de une demi-heure à une heure, avec un questionnaire très détaillé et la présentation de photos. L'enquête auto-administrée consiste en une prise de contact selon les quotas prévus et en la présentation du questionnaire ; celui-ci étant rempli ultérieurement par l'interviewé, cela permet une économie de temps pour l'enquêteur et donc une économie de budget. En revanche, les questions sont très simples et les délais allongés.

L'enquête postale

L'enquêté reçoit le questionnaire par la poste, il est libre de répondre ou non, dans un délai de plusieurs jours ou plusieurs semaines. La structure des questions et leur ordre tiennent compte du fait que l'enquêté peut lire tout le questionnaire avant de répondre. C'est une technique moins coûteuse, mais ses inconvénients sont le taux de retour des questionnaires, variable selon l'intérêt du sujet abordé, et les biais possibles : les répondants sont-ils représentatifs des opinions, le questionnaire est-il rempli par son destinataire ?

L'enquête téléphonique

Tout le monde ou presque étant abonné au téléphone, l'enquête téléphonique est utilisée pour obtenir rapidement une information simple : abonnement à une revue, type de magasins visités, jour de départ en vacances. Souple, rapide à mettre en œuvre, elle ne permet aucune visualisation et doit, en principe, porter sur un nombre de questions limité. Le coût réduit et la rapidité d'obtention de l'information sont des avantages tels que l'enquête téléphonique est maintenant très largement utilisée dans tous les secteurs.

Les autres modes

Tout support susceptible de recevoir un questionnaire peut être un vecteur d'enquête : livres d'un éditeur, emballage d'un produit, presse quotidienne ou périodique, etc. Il faut mentionner enfin le Minitel, utilisé régulièrement par la Sofres auprès d'un panel d'individus représentatifs de la population : les questions sont simples et peu nombreuses, les délais très courts et les coûts réduits.

LE CHOIX DE LA MÉTHODE

	Avantages	Inconvénients
Les enquêtes à domicile	L'entretien peut être long, aborder des sujets personnels, et l'enquêteur peut donner des précisions pour les questions ouvertes ou techniques. Il est aisé de pratiquer un contrôle et le taux de déchet est faible (de 1 à 10 %). Ce mode de recueil garantit donc une bonne représentativité par rapport à l'échantillon de départ.	L'enquêteur peut ne pas être toujours bien reçu (prévoir un rendez-vous). Par sa présence, l'enquêteur risque d'influencer la personne et d'introduire un biais. Ce type d'enquête est long à réaliser et coûteux en raison de la dispersion des personnes interviewées.
Les enquêtes dans la rue	Il est possible d'interroger rapidement un très grand nombre de personnes. L'enquêteur peut apporter des compléments d'informations pour les questions ouvertes ou techniques. Organisées en fonction de la situation, l'interviewé peut facilement s'exprimer de manière pertinente sur le sujet (une enquête sur les médicaments réalisée à l'intérieur des officines, par exemple).	Les personnes interviewées ont, en général, peu de temps à consacrer à l'enquête. Le questionnaire doit donc être bref. Si le lieu de l'enquête est défini, il est plus difficile de choisir la population, notamment pour les enquêtes par quotas. L'échantillon n'est donc pas toujours représentatif, et il n'est pas possible d'organiser des contre-enquêtes pour assurer un contrôle.
Les enquêtes par correspondance	L'échantillon peut être constitué avec précision. Il est donc représentatif, à la condition d'obtenir un bon taux de réponse. Le questionnaire peut être long, son coût est relativement faible et il permet de travailler facilement sur des échantillons dispersés.	Le taux de retour n'est pas garanti. La qualité technique du questionnaire est primordiale (intérêt, clarté, typographie). Il faut posséder un fichier d'adresses et, dans la pratique, il n'est pas toujours évident de contrôler la qualité de l'interviewé.
Les enquêtes par téléphone	Leur coût est relativement faible (pas d'envoi de documents ni de déplacement d'enquêteurs). Elles permettent d'obtenir des réponses rapidement, avec un taux de réponse élevé. Il est possible de joindre des populations dispersées ou des CSP particulières (médecins, avocats, etc.).	Elles ne permettent pas de réaliser des enquêtes complexes ou qui font appel à des supports (photos, dessins). L'enquête doit donc être courte et les questions précises. La représentativité de l'échantillon n'est pas toujours assurée, et l'on n'est pas certain que le répondant soit la personne ciblée.
Les enquêtes par Minitel, demain sur Internet	Le passage du questionnaire, la saisie des réponses et le traitement des informations sont intégrés dans une même chaîne de gestion. On retrouve par ailleurs les avantages de l'enquête par téléphone.	Ces enquêtes dépendent du taux d'équipement. Elles nécessitent une communication préalable par d'autres moyens (courrier, médias).

FONDEMENTS

ANALYSE DE MARCHÉ

PRODUIT

DISTRIBUTION

PUBLICITÉ

COMMUNICATION

Les panels et les observatoires

Interroger périodiquement un échantillon constitué une fois pour toutes permet de suivre des tendances, de faire des économies de recrutement et d'améliorer la précision.

Les panels de consommation

Les panels sont des échantillons permanents et représentatifs des foyers ou ménages qui notent et déclarent régulièrement leurs achats de produits de grande consommation : lieu d'achat, marques et quantités achetées, prix payé. En France, Secodip gère un panel de 8 000 ménages, qui permet de suivre, pour chaque marque, tout un ensemble d'indicateurs : chiffre d'affaires et volume, part de marché en valeur et en volume, type d'acheteur selon différents critères sociodémographiques (âge, région, habitat, nombre de personnes au foyer, profession du chef de ménage).

Les panels de distribution

Pour suivre avec une grande précision l'évolution des marchés et des marques de produits d'équipement de grande diffusion, les panels de distribution, constitués à partir d'échantillons représentatifs des points de vente, apportent une base statistique incomparable : quelques dizaines de très grandes surfaces sont fréquentées par des centaines de milliers de personnes. Les panels de distribution, tels Nielsen ou GFK, fournissent, pour chaque marque suivie, des informations sur les stocks et les flux : achats et ventes, parts de marché par région et par circuit, mais aussi, entre autres, l'incidence de certaines promotions et de la place détenue par les produits.

Les panels d'audience des médias

Le plus célèbre est l'audimat de Médiamétrie, mis en place auprès de 5 660 personnes de quatre ans et plus pour connaître l'audience des chaînes de télévision minute par minute : outil essentiel à la tarification des spots publicitaires, qui sont avant tout basés sur l'audience.

Les panels spécialisés

Il existe des panels permettant l'étude de marchés industriels ou professionnels : agriculteurs, médecins, responsables d'achats de PMI/PME ; ils fournissent des informations sur les achats, la consommation ou la prescription de produits définis ; ces informations sont analysées en fonction de critères propres au secteur étudié.

Les observatoires et les panels temporaires

Certains panels ou observatoires sont mis en place pour une étude nécessitant une durée minimale sur un échantillon constant : panel de fumeurs, de consommation d'énergie, de clients d'une entreprise s'adressant à des professionnels. Ce type d'outil permet de faire des économies de recrutement d'échantillons successifs et fournit une mesure plus précise des évolutions que le rapprochement d'enquêtes sur des échantillons distincts.

DES VENTES SOUS HAUTE SURVEILLANCE

■ Scantrack, de Nielsen : mesurer l'impact des opérations promotionnelles en GMS

Scantrack est un panel qui permet de suivre en temps réel le niveau et l'évolution des ventes de tous les biens de grande consommation en GMS et par magasin. Les informations saisies concernent aussi bien les caractéristiques du produit vendu (récupérées par scanning à partir du code-barre lors du passage à la caisse), que le nombre de références en magasin ou l'état des stocks. Ces données sont ensuite retransmises à Nielsen *via* Transpack. Parallèlement, et c'est une des caractéristiques majeures de ce panel, deux cents inspecteurs collectent, dans les hyper et supermarchés, de l'information, sur toutes les promotions réalisées (taille du linéaire, offre spéciale, emplacement en tête de gondole, etc.). Ce panel est ainsi particulièrement approprié pour mesurer l'impact d'une promotion sur les ventes.

■ Consoscan, de Secodip : le panel des consommateurs nomades

Consoscan est un panel de consommateurs constitué d'un échantillon de 8 000 foyers répartis sur plus de 1 200 communes et représentatif de 22,5 millions de ménages en France. Consoscan permet de suivre, dans l'ensemble des circuits de distribution et pour toutes les enseignes, les ventes de plus de 700 000 produits de grande consommation. En particulier, il offre la possibilité d'analyser le nombre et le profil des acheteurs, d'évaluer les parts de marché des différents concurrents, d'identifier les lieux d'achat privilégiés ou encore d'observer la pénétration par circuit ou par zone géographique d'un nouveau produit.

Pour recueillir l'information, Secodip utilise une méthode tout à faire originale. Chaque panéliste référencé est doté d'une « scanette ». Il s'agit d'un terminal portable qui permet tout à la fois de lire les codes-barres et de saisir de multiples informations (lieu d'achat, date, prix, quantité, références de l'acheteur) au moyen d'un clavier et d'un écran interactif. Les données sont retransmises deux fois par semaine, *via* Transpack, à un ordinateur qui assure quasiment en temps réel le retraitement des données. Les délais très courts entre la saisie et le traitement des informations permettent aux entreprises utilisatrices du panel de réagir pratiquement en temps réel par rapport aux évolutions constatées de la demande sur leurs différents marchés. De même, cet outil se prête particulièrement bien à l'analyse des performances des nouveaux produits comme des produits à faible pénétration.

Une scanette

FONDEMENTS

ANALYSE DE MARCHÉ

PRODUIT

DISTRIBUTION

PUBLICITÉ

COMMUNICATION

Les développements liés à la technologie

> La puissance et la rapidité de saisie et de traitement de l'information de notre époque ont des répercussions directes sur les techniques d'enquête et sur les systèmes d'aide à la décision.

▄▄▄▄ Le code-barre et la lecture optique

Le marquage par les systèmes de codes à barres est récent. On trouve maintenant ces codes sur les emballages de produits alimentaires, les boîtes de médicaments, les pièces détachées, le catalogue de commande d'un libraire ou d'un quincaillier. La lecture électronique du code produit permet de saisir les stocks et les flux ; en associant à l'identification du produit la caractéristique du prix, on aboutit à l'édition automatique de la facturation : c'est le principe d'impression des tickets de caisse des grandes surfaces. Ce type d'application s'est justifié par des gains de productivité, sans que le potentiel d'étude ait été retenu dans la décision d'investissement. Mais, dès qu'à l'identification du code produit on ajoute l'information sur le prix, le lieu et la date, voire les caractéristiques de l'acheteur, on a les clés des réponses aux fameuses questions : quoi ? combien ? où ? quand ? qui ?, pour peu que ces informations soient traitées. Avec la mise en place de lecteurs aux caisses, la saisie se fait automatiquement, et bien des types d'études auparavant impossibles ou trop coûteuses, comme le rendement des offres promotionnelles, sont désormais réalisables à moindre frais.

▄▄▄▄ Télécommunications et ordinateurs

La saisie des informations, dès qu'elle est suivie de transmission par les systèmes de télécommunications pour aboutir à un centre de traitement informatique, permet de fabriquer de façon quasi instantanée des grilles de résultats et des analyses auparavant longues et coûteuses. En France même, la Secodip a équipé ses panélistes de systèmes de lecteurs permettant d'envoyer directement sur ordinateur, par ligne téléphonique, toutes les caractéristiques des produits achetés. De son côté, le panel Nielsen est maintenant alimenté en continu par les données saisies aux caisses de sortie des grandes surfaces : toutes les données antérieurement éditées à période fixe, en général tous les deux mois, peuvent être pratiquement obtenues en continu. De grands distributeurs français proposent désormais de mettre en service *on line*, à disposition de leurs fournisseurs et moyennant finances, toutes leurs statistiques de vente par famille de produits.

▄▄▄▄ Les systèmes intelligents

La conjonction de bases d'informations de plus en plus fiables (à la fois en interne et auprès de sources externes) et de la puissance des traitements informatiques ouvre une ère nouvelle : celle de l'application de modèles contribuant à faciliter l'analyse des données et l'aide à la prise de décision. SIBM, systèmes intelligents à base de modèles, ou SIBH, systèmes intelligents à base d'heuristique ont des initiales qui sonnent comme des noms de missiles, pour nous rappeler que, à l'heure de l'électronique, le marketing continue d'emprunter à l'art de la guerre.

DE L'OR EN CODE-BARRE

■ Un produit qui franchit la barre

Dans les années 70, on assiste à un essor massif de la collecte de l'information pour répondre aux nouvelles exigences de la gestion des entreprises (stocks, facturation, exploitation, marketing). De la qualité de la saisie des informations dépend la qualité de leur exploitation. Mais la saisie est souvent source d'erreurs. Le code-barre offre l'avantage de remplacer la saisie par une lecture optique. Le code-barre permet ainsi d'optimiser en temps réel les prises de décision marketing pour la vente d'un produit. C'est le secteur de la distribution, qui, à partir du milieu des années 80, lui a apporté sa véritable consécration.

■ Le code-barre ou la mémoire du produit

Les avantages du code-barre sont multiples. Sa méthode de lecture est universelle. Son taux de fiabilité s'approche du zéro défaut, en supprimant toute intervention manuelle dans la saisie des informations. Il est compatible avec des systèmes de lecture par radio ou laser. Enfin et surtout, toutes les informations concernant le produit sont regroupées en un seul point.

Répartition du marché en 1994	
Consommables	30 %
Lecteur code-barre	25 %
Terminaux portables	20 %
Imprimantes...............................	20 %
Logiciels d'application	5 %

Répartition des acheteurs en nombre	
Distribution	40 %
Administrations et Services..........	25 %
Industrie	20 %
Transport...................................	10 %
Médical	5 %

D'après *Les Échos*, 28/03/95

■ Le code-barre décrypté

L'association internationale EAN (European Association of Numbering) gère la méthode de codification pour l'ensemble des pays. En France, son développement est assuré par le Gencod. Le code EAN 13 est le plus répandu. Chaque chiffre, à l'exception du premier, est représenté par une suite de deux barres foncées et de deux espaces clairs dont l'épaisseur varie.

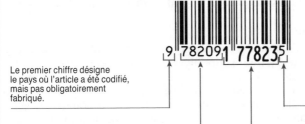

Le premier chiffre désigne
le pays où l'article a été codifié,
mais pas obligatoirement
fabriqué.

Clé de contrôle qui permet
de valider la lecture à partir
d'un calcul sur les
douze chiffres précédents.

Cinq chiffres représentent
le « code national unifié fabricant ».
Les deux premiers chiffres
spécifient l'usage.

Six chiffres caractérisent
le « code interface produit ».
Donné par le fabricant,
il identifie précisément l'article.

FONDEMENTS

ANALYSE DE MARCHÉ

PRODUIT

DISTRIBUTION

PUBLICITÉ

COMMUNICATION

Le produit et la gamme

Avec le marketing, la définition objective du produit s'enrichit de la propre vision du consommateur. Celui-ci répond donc à une définition technique et à un contenu symbolique. La gamme doit refléter le positionnement de la marque et son adéquation à la cible.

Les caractéristiques techniques et le contenu symbolique

☐ Les caractéristiques techniques sont d'autant plus importantes qu'elles sont reconnues par le consommateur. Elles doivent avoir des spécificités décisives, défendables et durables pour différencier le produit de la concurrence. Un produit est aussi le service qu'il rend lorsqu'il est utilisé. C'est le service perçu par le consommateur qui en fait toute la valeur.

☐ Le contenu symbolique donne « une âme » au produit. Les désirs d'achats sont fortement déterminés par les symboles attachés aux produits et aux marques. Les produits de consommation courante (farine, lait, huile, sucre…) et les produits industriels sont sensibles aux dimensions symboliques. Le choix d'un ordinateur, par exemple, ne se fait pas seulement sur de simples critères techniques.

☐ L'automobile ou les objets de mode et de luxe sont très sensibles à cette dimension. Jaguar, Mercedes, BMW font encore rêver une grande partie de la clientèle masculine envieuse de sportivité confortable.

Le cycle de vie des produits

De nombreux théoriciens du marketing parlent de cycle de vie de produits, assimilant la vie d'un produit à celle d'un corps vivant. Quatre phases caractérisent ce cycle : le lancement, le développement, la maturité et le déclin. Si la vie d'un produit n'est pas nourrie régulièrement d'adaptations pour être en adéquation avec la demande des consommateurs, il y aura forcément une phase de déclin correspondant à un décalage entre la demande et l'offre. Mais de nombreux produits industriels (les ordinateurs, par exemple) et de consommation courante (par exemple, les lessives et les conserves) ont montré leur potentiel de développement permanent par l'innovation, l'adaptation aux évolutions des acheteurs et des consommateurs. Il faut donc intégrer dans la définition des produits l'évolution et l'adaptation de la gamme dans le temps.

La notion de gamme

Une gamme est un ensemble de produits ou services couvrant la totalité ou une large partie des besoins de la clientèle par une offre diversifiée de produits (par exemple, les différents modèles de voiture pour un constructeur automobile). Une gamme de produits peut être courte ou longue selon le nombre de références (variantes) que l'on peut proposer à la clientèle. C'est d'abord l'adaptation aux besoins du client et la segmentation qui déterminent la « largeur » de la gamme. Le positionnement de la marque influence la définition de la gamme : Mercedes, par exemple, ne peut être présent sur le marché des petites voitures de ville. Il est important de souligner la clarté et la simplicité de la perception de la gamme pour le consommateur. Une offre trop large risque de perturber le consommateur par un choix trop complexe. Une gamme trop courte risque d'être perçue comme manquant de spécificité.

L'ORGANISATION DE L'ENTREPRISE AU SERVICE DU PRODUIT

■ Proposer le bon produit au bon moment

La concurrence accrue, l'évolution rapide des technologies, l'exigence toujours plus grande des consommateurs démodent rapidement les nouveaux produits. Pour rentabiliser des investissements qui ne cessent de croître, pour accéder rapidement à des savoir-faire et des marchés nouveaux, l'entreprise se tourne de plus en plus vers le partenariat, sur le plan industriel (Peugeot et Fiat pour le monospace) comme sur le plan marketing (cf. Co-branding).

■ Évolution du cycle de vie des produits

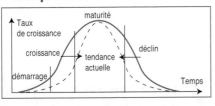

■ Le droit à l'erreur est de moins en moins possible

Avant même que le produit n'arrive sur le marché (phase de démarrage du cycle de vie), 80 % des coûts liés à sa réalisation pourront avoir été engagés ou préengagés en raison des phases initiales d'études et de conception (pharmacie) ou de l'importance des investissements (parc de loisirs). Après le lancement du produit, les modifications ne pourront être que marginales. Aussi, toute erreur stratégique, technique ou organisationnelle peut s'avérer catastrophique.

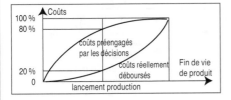

■ Pour un même produit, une grande variété d'options

À client unique, produit unique. Aujourd'hui, on ne compte pas moins de 60 000 versions de la Clio. La multiplication des options engendre un coût, et un produit trop banalisé un manque à gagner. Un juste équilibre doit être trouvé entre les deux extrêmes.

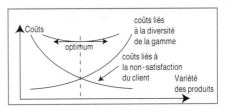

■ Une conception modulaire des produits

Pour diminuer ses coûts de revient, l'entreprise cherche à utiliser un maximum de pièces communes entre ses différents produits. On parle de différenciation retardée.

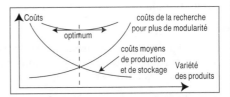

■ La dimension sociétale du produit se renforce

En plus de ses caractéristiques techniques et fonctionnelles, un produit de qualité est aussi un produit qui respecte l'environnement (les lessives et la suppression des phosphates), qui préserve les ressources naturelles (recyclage des pièces usagées), qui offre un taux de fiabilité exemplaire (rôle des services après-vente) et qui respecte l'homme (conditions de travail).

FONDEMENTS

ANALYSE DE MARCHÉ

PRODUIT

DISTRIBUTION

PUBLICITÉ

COMMUNICATION

Le produit : une offre complexe

> Le produit répond à un besoin du consommateur. Ses caractéristiques peuvent être classées en cinq niveaux : la fonctionnalité, le service, l'accessibilité, l'image, le prix.

La fonctionnalité

Ce sont les caractéristiques techniques qui doivent répondre au cahier des charges. Les composantes font parfois l'objet d'une analyse de la valeur pour diminuer les coûts de production du produit tout en respectant ses fonctions.

Le service

Ce sont les éléments supplémentaires du produit, qui constituent souvent sa différenciation par rapport à la concurrence : sécurité, agrément, confort d'utilisation (mode d'emploi, recettes, notices), service après-vente, garanties, etc.

L'accessibilité

Ce sont les facilités d'acquisition, les possibilités d'essai préalable, la proximité pour l'achat et le service après-vente, les délais.

L'image

Ce sont tous les éléments qui donnent au produit une dimension psychologique d'appropriation du produit par l'acheteur : la marque, la griffe (signature), la caution fabricant ou créateur, la forme, le design, l'habillage, l'emballage, le nom ou l'appellation, la notoriété, les attributs donnés à la marque en termes de valeur.

Le prix

Nous reviendrons ultérieurement sur la fixation du prix, mais celui-ci donne au produit des caractéristiques de positionnement qu'il est nécessaire d'intégrer dans l'analyse de ses caractéristiques.

L'analyse comparative des caractéristiques du produit

Ces cinq points permettent de faire une comparaison entre le produit et sa concurrence. Ce sont les éléments de différenciation qu'il faut analyser sur un marché. Cette analyse comparative se fait par rapport à la concurrence, mais aussi et surtout par rapport aux cibles que l'on vise.

Analyse comparée des offres Montblanc et Bic sur le marché des stylos

Niveau d'analyse	Montblanc	Bic
fonctionnalité	outil d'écriture	écriture
service	garantie à vie	jetable
accessibilité	points de vente sélectifs	disponible partout
image	haut de gamme	banalisé
prix	très élevé	très bon marché

SURFER SUR UNE AVALANCHE DE DEMANDES

■ Quand une génération adopte un produit : le surf des neiges

Le surf des neiges, apparu en 1970, n'explose véritablement sur le marché des loisirs sportifs qu'à partir de 1992. Longtemps réservé à quelques spécialistes, une nouvelle génération découvre aujourd'hui les joies de la glisse par le biais du surf. Âgée principalement de 15 à 20 ans, typiquement urbaine, issue de l'univers des rollers et du skate-board, le surf et l'impression de liberté qu'il procure permettent à cette population de découvrir la neige tout en répondant à une véritable attente.

■ Des statistiques qui font boule de neige

Avec deux millions de pratiquants dans le monde à la fin de 1995 (dont 450 000 en France), des ventes qui doublent tous les ans, un renouvellement du matériel en moyenne tous les 2 ans (contre 5 ans pour le ski), des prix de vente entre 380 et 500 euros sans compter les bottes et les fixations (de 230 à 300 euros), les fabricants, longtemps en attente sur ce produit, se sont rapidement adaptés à l'explosion de la demande. La stratégie marketing est venue amplifier le phénomène, en renforçant chez chaque consommateur l'idée d'appartenance à un groupe bien particulier de surfeurs.

■ Les réponses aux besoins

Avec deux cents marques différentes de surf pour deux types de pratique, le « freestyle » et le « slalom », les innovations font rage pour gagner des parts de ce marché en pleine croissance.

Les besoins du consommateur	Les réponses des fabricants
– Une facilité d'utilisation pour une liberté totale dans les mouvements et une diminution des risques de chute et d'accident	– Des bords incurvés qui déclenchent le virage quand on incline le surf. Conséquence immédiate : forte régression des entorses du genou.
– La possibilité de faire des figures	– Des spatules relevées à l'avant et à l'arrière pour pivoter.
– Une impression de vitesse et de stabilité	– Une plus grande surface de contact sur la neige.
– Une chausse du surf plus pratique qui permette de libérer un pied (ou les deux) à la demande	– Une botte spéciale qui se clique sur le surf en lieu et place de l'installation dans une coque à lanières.
– Un graphisme très attractif	– Reprise systématique des concepts et des modes « jeune ».
– Un vocabulaire approprié	– Création de mots spécifiques : « regular » pour droitier, « goofy » pour gaucher.
– Une volonté de s'extérioriser, de se tester	– Apparition de compétitions en « freestyle » dans un « halfpipe » (demi-tube de neige long de 100 mètres).
– L'attrait pour la nouveauté et les innovations	– Présentation sur site du matériel avec essais gratuits.

FONDEMENTS

ANALYSE DE MARCHÉ

PRODUIT

DISTRIBUTION

PUBLICITÉ

COMMUNICATION

Les contraintes du produit

Les réglementations française et européenne et les normes imposent des contraintes dans la conception et la réalisation du produit. L'éthique est aussi un élément important dont il faut tenir compte. Les législations étant différentes d'un pays à l'autre, une étude très précise est nécessaire avant l'élaboration du produit.

■■■■ Les contraintes juridiques

□ Les lois imposent certaines règles à certaines catégories de produits. Elles sont souvent faites dans le sens d'une défense du consommateur ou d'une harmonisation des règles sur le plan international. Elles ont aussi le souci de la santé publique ou de la vie en communauté : les jouets peuvent refléter une certaine créativité de la part des fabricants, mais ils ne doivent pas être dangereux. Des normes sont établies. Dans plusieurs pays, le respect de l'environnement devient une contrainte fondamentale.

□ Avant de lancer de nouveaux produits, il est nécessaire de s'assurer de leur légalité ou du respect des normes communément admises. La validation juridique est un passage important dans l'élaboration des produits. L'internationalisation des marchés demande des consultations de spécialistes dans plusieurs pays.

■■■■ Les contraintes administratives

□ Certaines catégories de produits subissent également des contraintes administratives importantes. Des procédures sont à suivre, des normes ont été élaborées par des organismes spécialisés, tels l'Afnor en France, le DIN (Deutsches Institut für Normung) en Allemagne, l'ISO (International Standard Organization) au niveau international. Il existe aussi des procédures à respecter pour les lancements de produits, des appellations protégées, des codes de communication imposés, etc.

□ Faut-il pour autant limiter son champ de réflexion aux seules possibilités légales ou administratives admises ? Le yaourt a une définition précise dépendant des ferments lactiques utilisés pour sa fabrication. En France, le respect de ce code ne permettait pas de lancer le Bifidus comme un yaourt. Il a cependant connu un grand succès auprès des consommateurs !

■■■■ Les contraintes éthiques

□ La troisième contrainte à respecter est tout aussi importante que les deux précédentes. Elle concerne le respect du consommateur ainsi qu'une certaine éthique basée sur les valeurs de l'entreprise. Certains produits ou emballages peuvent induire en erreur sur leur contenu ou leur contenant. La législation et les contraintes administratives ont tenté de limiter les abus, mais il reste encore une marge de manœuvre à disposition de l'entreprise pour exprimer son sens du respect du client. Certaines entreprises ont ainsi fait le choix de ne pas distribuer des produits contraires à leur morale. C'est le cas du Câble, qui refuse de diffuser un canal pour films pornographiques.

□ Les critères éthiques se définissent soit au niveau d'une profession soit au niveau de l'entreprise. Ils visent à promouvoir des valeurs qui ne sont régies ni par des contraintes légales ni par des contraintes administratives.

QUAND LES ENTREPRISES SE METTENT AUX NORMES

■ La norme crée l'union

Depuis 1993, l'Union européenne produit plus de 700 normes par an au travers de ses comités de normalisation ; elle ne compte pas moins de 5 200 normes à son actif depuis l'origine du processus. Seules les normes votées par décret ministériel s'imposent véritablement aux entreprises. Cependant, si une norme se propage dans de nombreux pays, elle devient vite un standard auquel il est difficile d'échapper. De plus, le respect des normes facilite les échanges. La libre circulation des produits normalisés est de règle. L'entreprise évite ainsi de se trouver confrontée à une sorte de protectionnisme déguisé des États membres (respect de procédures administratives longues et contraignantes, obligation de certaines transformations sur les produits). Son implantation à l'étranger est donc à la fois plus rapide et moins coûteuse.

■ Des difficultés pratiques pour les PME

Cette frénésie de normes nécessite un état de veille permanent et une adaptation des produits que les PME ont parfois du mal à gérer. La moitié des PME ignorent les travaux en cours des comités techniques et n'appliquent les directives qu'avec retard et difficulté. Faute de pouvoir libérer du personnel pour suivre pendant trois à cinq ans les travaux du CEN (Comité européen de normalisation), seuls les très grands groupes participent concrètement à l'élaboration des normes. Pour limiter la dépendance des dix-sept millions de PME européennes, l'UEAPME (Union européenne de l'artisanat et des PME) a créé l'institut Norma PME, qui les représente au sein des comités.

Les trois intervenants de la normalisation

	Mission	Fonctionnement	Participants
Afnor Paris - France Téléphone : 01 42 91 55 55	Association créée en 1906. Seul organisme habilité à élaborer et proposer les normes françaises[1], à représenter la France à l'étranger et à développer la marque de conformité NF (19 150 normes).	Un vivier de 25 000 à 30 000 agents qui travaillent ponctuellement dans les différentes commissions.	Les adhérents à l'association (entreprises ou autres) qui délèguent de 1 à 100 personnes pour les commissions.
Comité européen de normalisation (CEN) Bruxelles - Belgique Téléphone : 00 32 2 550 08 11	Organisme créé en 1961 et chargé de concevoir les normes européennes intersectorielles[1] (3 500 normes à appliquer obligatoirement par les pays membres).	Environ 280 comités techniques intersectoriels.	Les 15 pays de l'Union européenne, les 3 pays de l'AELE (Norvège, Suisse, Islande) et 5 organisations professionnelles.
ISO Genève - Suisse Téléphone : 00 41 22 749 01 11	Organisme créé en 1947 et chargé de concevoir les normes internationales intersectorielles[1] (11 000 normes facultatives).	820 comités et sous-comités techniques employés ponctuellement (20 000 experts mondiaux).	Les 80 pays membres représentés dans chaque comité par un expert.

1. Les secteurs électrotechniques et télécommunications sont représentés par des organismes spécifiques (UTE et France Télécom en France, Cenelec et ETSI pour le CEN, et CEI pour ISO).

FONDEMENTS
ANALYSE DE MARCHÉ
PRODUIT
DISTRIBUTION
PUBLICITÉ
COMMUNICATION

La marque

La marque est un des éléments clés de la stratégie marketing. Elle va permettre d'identifier un produit et de le personnaliser. C'est ce qui concrétisera sa différenciation. Les attributs qui lui seront donnés définiront son positionnement et sa perception par le consommateur.

▬▬ Qu'est-ce que la marque ?

La marque est une empreinte qui définit la différenciation d'un produit par rapport à la concurrence. C'est aussi la protection du créateur. C'est en quelque sorte un contrat, entre un fabricant et le consommateur, sur les caractéristiques du produit et les attentes qu'il suscite.

▬▬ Identité et image

☐ L'identité de la marque est composée de toutes ses caractéristiques objectives et réelles. L'image d'une marque, en revanche, relève d'attributs qui ont été décodés par les récepteurs. Les images perçues d'une même marque peuvent donc être différentes d'un individu à l'autre.

☐ Au niveau du consommateur-récepteur, l'image peut être parfois composée d'éléments sensiblement différents des constituants de l'identité. En effet, les signes émis par la marque peuvent être plus ou moins contredits par ceux qui sont émis par les concurrents, le bouche à oreille, l'opinion des journalistes etc. Une des fonctions de la communication sur la marque est d'assurer une proximité aussi étroite et valorisante que possible entre l'identité et l'image.

▬▬ Notoriété et image

Certaines marques sont très connues (notoriété) et ont un fort contenu (image). Qui ne connaît Coca-Cola, Mercedes, Lacoste ? Mais certaines marques n'ont su préserver leur identité et sont devenues des noms génériques : klaxon, frigidaire, bic... De même, la notoriété n'est pas forcément signe de puissance de marque. Simca, Goupil sont des marques qui, bien qu'ayant eu une bonne notoriété, seront difficiles à ressusciter.

▬▬ Stratégies de marque

Plusieurs stratégies sont possibles en termes de marque. Elles sont à la fois fonction du positionnement et des moyens que l'on peut apporter à leur soutien :
– la marque-produit (exemple : les chewing-gum Hollywood, les cigarettes Marlboro) associe un produit à une marque et à un positionnement ;
– la marque-ligne (ou collection) considère une ligne de produits comme un ensemble complémentaire (exemple : Blédina) ;
– la marque-gamme attribue un même territoire de compétence, souvent lié à un métier (exemple : Moulinex, Findus, Nike) ;
– la marque-ombrelle regroupe un ensemble de produits ayant un support identitaire commun (exemple : Sony, Carrefour) ;
– la marque-caution donne une rassurance commune à un ensemble de marques-produits (exemple : Danone, LU, Nestlé, Johnson, GAN, UAP).

LE « CO-BRANDING », OU COMMENT TROUVER SES MARQUES À PLUSIEURS

■ Le *co-branding* : un partenariat multiforme

Le *co-branding* représente l'association de deux marques pour la commercialisation d'un même produit. Dans sa forme originelle, il s'apparente à un simple parrainage entre marques.

Aujourd'hui, le vrai *co-branding* doit être considéré comme l'expression d'une stratégie explicite au travers de l'association de deux marques, qui vont réunir leur potentiel productif et marketing autour d'un produit ou d'un service (en général conçu pour l'occasion).

■ Un avenir prometteur

Le développement actuel du *co-branding* ne relève pas du hasard. En répondant à la fois mieux et plus rapidement à la demande, en participant à la création de produits innovants par la rencontre de savoir-faire techniques différents (le yaourt glacé, par exemple), le *co-branding* élargit le marché naturel des différentes marques ou crée de nouveaux segments, pour le plus grand bénéfice des différents partenaires.

Le yaourt glacé Yolka

Avantages et inconvénients du *co-branding*

Avantages	Inconvénients
– Mise en œuvre de stratégies marketing originales – Rapidité d'accès à un nouveau marché – Réduction du temps de pénétration d'un nouveau produit – Encerclement possible d'un concurrent – Alliance avec un leader pouvant permettre d'accroître la notoriété de la marque partenaire – Réduction des coûts de mise au point d'un nouveau produit – Partage des coûts de diffusion et de communication	– Longueur de la mise en œuvre du contrat de partenariat – Risque de cannibalisation d'un produit d'un des partenaires – Multiplication des alliances nécessairement limitée – Répartition des retombées entre les deux marques : délicate à établir *a priori* et pas toujours équitable *a posteriori*

Le *co-branding* touche de nombreux secteurs

Secteurs	Produits
– Automobile et prêt-à-porter	– La *306 Roland Garros* – La *Twingo Kenzo*
– Agro-alimentaire et tourisme	– La *Boule magique* de Nestlé/Disney pour contrer l'*Œuf* de Kinder Surprise
– Informatique et informatique	– Le logo *Intel Inside* avec tout produit intégrant un de ses composants
– Agro-alimentaire et cosmétique	– La pâte à tartiner Effi avec la crème douche Dove
– Agro-alimentaire et agro-alimentaire	– La mousse Yoplait au chocolat Côte-d'Or

FONDEMENTS

ANALYSE DE MARCHÉ

PRODUIT

DISTRIBUTION

PUBLICITÉ

COMMUNICATION

Le droit des marques

La marque est un capital pour l'entreprise, elle doit être protégée. La réglementation est assez précise sur ce sujet et la jurisprudence particulièrement développée. Les contrefaçons, reproduction frauduleuse des marques, sont sévèrement réprimées.

▬▬▬ Comment déposer une marque ?

☐ À la suite d'une recherche de marque à l'interne, soit par réunions de groupes soit par propositions individuelles, il est nécessaire de vérifier si la marque choisie n'a pas déjà été déposée. C'est ce que l'on appelle une recherche d'antériorité. La démarche est rapide et simple, elle se fait auprès de l'Inpi (Institut national de la protection industrielle).

– La marque a déjà été déposée : il faut alors vérifier si elle couvre la catégorie de produits faisant partie des activités visées ou si sa protection est limitée hors de ce secteur. Dans le premier cas, il faut vérifier si son utilisation commerciale est récente ou si elle est tombée en déchéance (non-utilisation pendant cinq ans). Il existe un certain nombre de procédures que les juristes seront à même de faire, mais, en tout état de cause, il est recommandé de prendre contact avec le propriétaire de la marque pour trouver un accord ou la racheter dans la classe de produits. Les rachats de marque sont très courants.

– La marque n'a pas encore été déposée dans la classe de produits : il faut alors procéder à un dépôt de marque qui rend propriétaire de l'utilisation de celle-ci sur la catégorie de produits. Les formalités sont simples et peu coûteuses.

☐ Il faut enfin déterminer l'étendue de la protection de la marque. On peut choisir de la protéger en prenant plusieurs classes de produits proches ainsi que plusieurs pays. L'Inpi vous conseille de déposer en même temps un logotype ou la typographie utilisée pour l'écriture de la marque.

☐ Les entreprises moyennes et grandes ont souvent des portefeuilles de marques dépassant la centaine de marques déposées. Cela permet aussi de protéger le champ de la marque et les contrefaçons que le concurrent malveillant serait tenté de prendre.

▬▬▬ Les faux, la contrefaçon

☐ La juridiction est assez sévère en matière de contrefaçon. En cas de litige, les accords amiables sont souvent recommandés. Certaines sociétés se sont dotées de services spécialisés pour détecter la contrefaçon et lutter contre ces pratiques frauduleuses. Ce n'est pas tant pour gagner des procès que pour protéger le capital de l'entreprise. Citons, à titre d'exemples, Lacoste et Cartier.

☐ La chaîne d'hypermarchés Continent, qui vendait des produits sous son nom, a été attaquée par un commerçant parisien qui avait déposé la marque « Continent » pour la même catégorie de produits. La chaîne d'hypermarchés s'est vue obligée, du jour au lendemain, de retirer des rayons tous les emballages portant le nom Continent, sous peine d'astreintes lourdes.

PAS DE CARTIER POUR LE FAUX

■ La contrefaçon n'est pas un faux-semblant

Dans un monde qui s'internationalise à outrance, la contrefaçon s'étend chaque jour davantage. Les produits de luxe ne sont plus les seuls visés. Le mal atteint désormais aussi bien les équipements automobiles que les médicaments.

Le commerce du faux génère un chiffre d'affaires de 91 milliards d'euros (soit 7 % du commerce international). Soixante-dix pour cent des contrefaçons proviennent d'Asie (Thaïlande, Taiwan, Corée du Sud). L'Europe n'est pas en reste, en particulier l'Italie (7 % du marché mondial).

Malgré la ratification des accords de l'Uruguay Round en 1994 par 116 pays et la loi Longuet (qui fait de la contrefaçon un délit douanier), 7 marques françaises sur 10 seraient contrefaites à travers le monde. Ces copies illicites représenteraient un manque à gagner, pour nos entreprises, de 4 milliards d'euros (30 000 emplois).

Vrai   Faux

Répartition des saisies en France	
Vêtements	58 %
Accessoires et maroquinerie	6 %
Parfums	7 %
Biens d'équipement	27 %
Horlogerie	2 %

Source : Service des douanes

■ La guérilla de Cartier

Cartier lutte avec acharnement contre ce fléau. Le groupe en a fait une de ses priorités stratégiques en y consacrant environ 1 million d'euros par an. Ses produits standard comme ses articles haut de gamme doivent aujourd'hui être défendus. Sur ce dernier segment, les copies se caractérisent par une très bonne finition (or 18 carats). Elles sont réalisées dans des pays comme l'Italie qui ne peuvent plus s'aligner sur les prix de leurs « concurrents » asiatiques.

Une exposition-conférence itinérante sur le faux informe sur la progression de la contrefaçon et des moyens de lutte (propriété industrielle et dépôt des marques, localisation des contrefacteurs). Pour identifier les revendeurs et surtout remonter les filières jusqu'aux producteurs, Cartier fait appel à des enquêteurs privés. Chaque pays à ses spécialistes : Taiwan ou l'Italie pour la fabrication, la Thaïlande pour l'assemblage, la Belgique pour le marquage. Suivant les pays, la douane joue un rôle très actif (France) ou très laxiste (Belgique, Corée).

■ Valoriser l'image de marque par des actions appropriées

– Partout dans le monde, broyage par un rouleau compresseur sur la place publique des fausses montres Cartier.

– En Thaïlande, poursuite des revendeurs en pénal jusqu'à l'obtention d'une condamnation.

– En Italie, la contrefaçon est telle qu'il vaut mieux jouer sur la mauvaise image du faux plutôt que sur la répression. Une campagne publicitaire a été lancée sur le thème : acheter du faux en le sachant, c'est devenir faux soi-même.

FONDEMENTS

ANALYSE DE MARCHÉ

PRODUIT

DISTRIBUTION

PUBLICITÉ

COMMUNICATION

Le logotype, le symbole, la griffe

Le « logo » (abréviation de logotype), le symbole, la griffe sont des moyens visuels pour reconnaître rapidement une marque et caractériser son image. Ils traduisent l'identité de l'entreprise.

Le logotype

☐ Formes et couleurs provoquent des émotions, des sensations, évoquent des images. Le graphisme du nom de marque, c'est-à-dire le logotype de l'entreprise, communique, avant même de proposer au consommateur un produit précis.

☐ Un logo fonctionne comme une carte d'identité visuelle ; le nom de l'entreprise est dessiné ou symbolisé de manière spécifique et unique. C'est le signe distinctif de l'entreprise. Grâce au logo, le public reconnaît facilement et immédiatement l'entreprise et ses activités, quel que soit l'endroit. Le logo se retrouve partout dans la communication (publicité, rapport annuel, entrée d'usine, centres de distribution, etc.). De même, il est décliné sur tous les documents internes ; c'est la signature de l'entreprise.

☐ Un bon logo a six caractéristiques :
– la simplicité, qui permet une identification rapide ;
– la force, donnée par l'expressivité et la facilité de mémorisation du logo ;
– la lisibilité, qui permet sa bonne attribution et donc sa différenciation ;
– la déclinabilité, un logo devant s'adapter à tous les types de communication ;
– la compréhension immédiate, qui permet de transmettre les valeurs de l'entreprise ;
– l'effet miroir, indissociable de la fédération, le logo devant permettre de se retrouver dans les valeurs de l'entreprise.
La composition réussie de ces différents paramètres permet la durabilité du logo.

Le symbole

☐ Qui ne connaît l'écureuil de la Caisse d'épargne, la pomme d'Apple, l'emblème de Mercedes, le losange de Renault, la petite fleur de Yoplait ? Ces symboles donnent un éclairage sur la culture de la marque et sa personnalité. Ils sont choisis comme tels, parfois par hasard (la pomme d'Apple, par exemple), souvent sur la base d'un cahier des charges, donné à un cabinet de design ou d'identité graphique, indiquant les traits de personnalité et l'adhésion à certaines valeurs que veut transmettre l'entreprise.

☐ Les symboles confortent le positionnement des marques. Apple s'approprie les valeur de progrès, de convivialité, d'innovation technologique de la côte Ouest des États-Unis, IBM intègre l'ordre, la rigueur, la puissance et la tradition de la côte Est. L'écureuil de la Caisse d'épargne véhicule des valeurs de sympathie, de confiance et d'épargne prévoyante. La petite fleur de Yoplait renvoie à la nature, à la simplicité et à la fraîcheur.

La griffe

La griffe est la patte d'un créateur inspiré et instinctif (Christian Dior, Yves Saint-Laurent). Elle renvoie à l'imprévisibilité, à l'impression, au jaillissement. Son modèle de référence est l'artisanat, son territoire celui de la création, sa référence est l'art. Une griffe devient marque avec l'industrialisation de ses créations.

UNE IMAGE PLEINE DE SYMBOLES

■ Les phases de la création du logo

Avant de procéder à la création du logo à proprement parler, un cahier des charges précis, qui résume les valeurs actuelles de l'entreprise, ses projets et l'image qu'elle souhaite diffuser d'elle-même, est élaboré. Dans un second temps, tous les éléments graphiques propres à traduire le projet sont choisis. Un guide des normes est alors défini. Il spécifie les caractéristiques techniques (trait, couleur, taille) à respecter obligatoirement pour donner au logo un maximum d'impact. Enfin, les déclinaisons possibles du logo pour l'adapter aux différents types de support sont examinées (en-tête de lettre, carte de visite, etc.)

Les qualités d'un bon logo

Être identifié et reconnu	Outil privilégié du système de communication de l'entreprise, le bon logo doit être facilement repérable et identifiable. Il doit pouvoir être associé sans erreur possible à son propriétaire (Renault). Un logo reconnaissable à un de ses fragments est un plus (Coca-Cola).
Attirer l'attention	Le bon logo est souvent inattendu. Il ne doit pas se contenter de résumer l'existant. Au début, il peut même surprendre, ce qui lui permet de s'inscrire dans un horizon à moyen long terme de l'entreprise (Danone).
Être porteur du sens recherché	Il ne doit pas porter à confusion ni prêter à ambiguïté, que ce soit par rapport au projet de l'entreprise ou par rapport au logo déjà existant d'une entreprise concurrente (Manpower).
Être mémorisable	Son graphisme permet de le reconnaître immédiatement. Il est instantanément mémorisable et représentatif des valeurs de l'entreprise (Shell).
Résister à l'épreuve du temps	Si le logo d'un produit installé dans le présent peut se permettre de suivre, dans une certaine mesure, les modes du moment, le logo de l'entreprise évitera les courants graphiques éphémères pour s'inscrire autant que faire se peut dans la durée (Michelin).

D'après C. Delorme, *Le Logo*, Éditions d'Organisation, 1990

■ La vie du logo

Le logo, comme la marque à laquelle il est étroitement associé, subit l'usure du temps. Pour redynamiser leurs ventes, se repositionner face à une concurrence accrue, fédérer des activités issues de diversifications antérieures, les entreprises sont conduites à rajeunir de temps à autre leur marque et l'image qu'elle véhicule. Cette action s'inscrit naturellement dans un plan de communication global. Le logo des Caisses d'épargne a ainsi évolué au début des années 90. L'écureuil est désormais stylisé, et le rouge a remplacé le noir. L'ensemble se veut moderne et dynamique, c'est-à-dire plus conforme aux ambitions affichées par le réseau (la banque de la famille à part entière). La modernisation du logo Citroën relève de la même démarche. La marque, qui capitalisait essentiellement sur un fond de clientèle fidèle mais vieillissante, se devait de séduire une frange plus large d'automobilistes.

1919-1954

Depuis 1985

1950

1983   1992

FONDEMENTS

ANALYSE DE MARCHÉ

PRODUIT

DISTRIBUTION

PUBLICITÉ

COMMUNICATION

La présentation et l'habillage

L'emballage possède à la fois des fonctions de protection et de communication. Véhicule d'information immédiat sur le produit, c'est le point de contact entre le producteur et l'utilisateur final.

La communication immédiate

☐ L'emballage doit immédiatement communiquer la marque, le produit qu'il contient, sa référence dans la gamme (s'il appartient à une ligne de produits), les créateurs. C'est le véhicule de l'identité du produit.

☐ Le sur-emballage est le carton de conditionnement du produit. Il doit être rapidement identifiable pour le transport, l'entreposage. Il indique clairement la marque, le produit, les références, le conditionnement ou nombre d'unités et le sens de stockage.

☐ Les emballages et sur-emballages possèdent désormais le Gencod (code-barre), permettant d'identifier le produit par lecteur optique.

Les cinq critères d'évaluation d'un emballage

☐ La maniabilité. Un emballage doit être maniable, facilement préhensible par le consommateur, tant pour l'achat que pour son utilisation. Il doit aussi être superposable (gerbable), si sa taille le nécessite et si sa présentation se fait en masse dans les magasins.

☐ La protection du contenu. C'est la fonction première de l'emballage. Un certain nombre de tests doit être fait pour vérifier la résistance au transport, aux manipulations, aux conditions les plus difficiles de stockage (froid, pluie, forte chaleur…).

☐ La séduction et l'attractivité. Les illustrations, la couleur doivent séduire le client. L'emballage est un outil de vente, il doit être attractif. Cette séduction et cette attractivité doivent être en cohérence avec le produit et l'image de la marque.

☐ L'information. Les informations légales et commerciales doivent obligatoirement être présentes sur l'emballage (nom du fabricant, définition du produit, composition, poids, code-barre, etc.). L'emballage est aussi un support de communication quant à l'utilisation, aux conseils, à la promotion d'autres produits de la gamme.

☐ L'image. La qualité, l'expression de l'identité de la marque et de la politique d'entreprise doivent être véhiculées par l'emballage.

☐ L'avantage de cette approche est qu'elle permet de se comparer à la concurrence sur chacun des cinq critères cités. Une fois encore, la cohérence s'impose entre l'emballage, le produit, le positionnement et l'image par rapport à la cible visée.

L'habillage d'un service

Dans les services, l'emballage n'est pas aussi factuel que pour les produits industriels ou de grande consommation. Dans le domaine de l'assurance, la documentation et le contrat peuvent être assimilés à l'emballage du service qui sera rendu. Identification visuelle et habillage doivent aussi répondre aux critères de séduction, compréhension, information et image.

TEISSEIRE S'ADAPTE À VOTRE MAIN

■ Un leader qui reculait

Teisseire, bien que leader sur le marché du sirop en bidon avec un produit de qualité, connaissait une érosion régulière de sa part de marché en valeur (38 % en 1993), notamment au profit des marques de distributeur. Soucieuse de réagir, la marque a d'abord vérifié le bien-fondé de son positionnement prix. Une étude commandée auprès de Nielsen a ainsi montré qu'une baisse des prix de vente n'aurait que peu d'incidence sur les volumes. Aussi, plutôt que de toucher au niveau des marges et donc à la rentabilité du produit, Teisseire décida de s'attaquer à la refonte du conditionnement (le bidon cylindrique) de son produit phare.

■ Une taille fine pour retrouver une jeunesse

Après trois années de recherche, un nouvel emballage, conçu par Hotshop, voit le jour début 1994. Il s'appuie sur une innovation technologique de Carnaud/Métal-box (40 millions de francs d'investissement dont 9 pour Teisseire) qui permet de lui donner une forme très originale. Resserré dans sa partie centrale, le bidon offre une meilleure prise et se reconnaît immédiatement dans les linéaires.

Avant   Après

Une practicité évidente	– Grâce à sa partie centrale rétrécie, les enfants (le gros des consommateurs sinon des acheteurs) peuvent parfaitement tenir le bidon. (Après essai, la note de 9,2/10 a été donnée par les consommateurs lors d'un test sur linéaire.) – La forme étudiée du goulot permet de vider au maximum le contenu du bidon.
Une visibilité sur le linéaire améliorée	– La forme originale de l'emballage attire l'œil très rapidement (85 % des consommateurs testés ont remarqué le nouvel emballage). – Sa présentation est jugée attirante par les consommateurs (et notée 8,5/10 lors d'un test sur linéaire).
Une image rehaussée	– Grâce à ce produit rajeuni et à une campagne publicitaire (6 à 7 millions de francs) à vocation d'information, les sirops Teisseire présentent une image plus conforme à leur positionnement.
Une longueur d'avance sur la concurrence	– Une vingtaine de brevets déposés évitent l'arrivée d'emballages similaires et donnent deux à trois ans d'avance à Teisseire sur la concurence.
Un résultat immédiat	– La part de marché sur le bidon de 75 cl augmente de deux points en 1994.

FONDEMENTS

ANALYSE DE MARCHÉ

PRODUIT

DISTRIBUTION

PUBLICITÉ

COMMUNICATION

Les contraintes des emballages

L'emballage doit respecter certaines normes, tant sur le plan technique (sécurité, transport, stockage) que sur les plans environnemental (prévention de la pollution) et légal (informations).

Les contraintes techniques

L'emballage doit assurer un certain nombre de conditions de sécurité, tant pour le transport et le stockage que pour la manipulation par le consommateur. Pour les produits dangereux, certaines normes ont été mises en œuvre. Pour les bouteilles de gaz, les fabricants ont conçu des emballages pouvant supporter cinq fois la norme légale ; la notion de sécurité est fondamentale pour ce type de produit, et un seul accident peut durablement affecter les ventes (dans ce cas précis, le dernier accident remonte à plus de trente ans). Pour les produits de type alimentaire, l'hygiène et la protection contre l'intoxication sont fondamentales. La maîtrise de la chaîne de distribution, ou son contrôle, est une des garanties de la qualité du produit. L'emballage en est un point clé. Des matériaux dits « complexes » ont été élaborés dans ce sens, assurant une meilleure protection alimentaire. Les encres utilisées pour les emballages alimentaires, dites « encres alimentaires », doivent aussi respecter des normes précises.

Les contraintes environnementales

Depuis plusieurs années, la protection de l'environnement et la prévention de la pollution ont pris une importance grandissante, notamment sous l'influence de l'Allemagne. Dans ce pays comme en France, les emballages sont taxés pour payer leur coût de recyclage ou de destruction. La société Eco-emballage, créée en France, assure la coordination entre les producteurs, les distributeurs, les collectivités locales et les « récupérateurs » pour assurer la parfaite application des normes en matière d'environnement.

Les contraintes légales

☐ Comme les produits, les emballages sont soumis à un certain nombre de contraintes légales, tant sur le plan de l'environnement que sur le plan de l'information à donner au consommateur ou à l'utilisateur. Par exemple, tous les produits importés vendus en France doivent obligatoirement comporter les notices d'utilisation en français. En Belgique, le flamand et le français sont obligatoires. Pour les produits vendus à l'international, il faut aussi tenir compte des réglementations locales.

☐ À nouveau, la consultation de spécialistes locaux peut éviter de nombreux problèmes liés à des refus d'homologation, voire des interdictions de vente avec destruction des produits ou amendes.

☐ Les étiquettes comportent des mentions obligatoires. Pour les produits périssables, la date limite de consommation est indiquée clairement. De même, la liste des ingrédients est mentionnée en ordre décroissant de poids au moment de la fabrication. L'appellation du produit (yaourt, jambon, par exemple) apparaît, ainsi que la technique de traitement (congélation, stérilisation, pasteurisation, etc.). Le nom et la raison sociale du fabricant, conditionneur ou distributeur, établi dans l'Union européenne, apparaît avec son adresse.

SI ON S'EMBALLAIT POUR UNE VIE MEILLEURE ?

■ Des déchets qui se valorisent

En France, la production des déchets ménagers avoisine les 20 millions de tonnes. Les directives internationales, comme européennes, les associations de consommateurs et, plus généralement, l'opinion, dont la conscience écologique s'accroît, obligent les industriels à faire évoluer l'emballage de leurs produits.

Ces nouveaux conditionnements, élaborés à force de recherche et développement, nécessitent de lourds investissements et s'accompagnent bien souvent d'une remise en question du marketing des produits. Les caractéristiques du produit peuvent être modifiées, la communication repensée, surtout lorsque l'incidence du nouvel emballage sur l'environnement est bénéfique, les marchés et les circuits de distribution réorganisés, le prix revu en conséquence.

■ Un emballage amaigri

L'évolution de l'emballage a d'abord porté sur son poids. Depuis 1970, la bouteille de vin de 75 cl a perdu 50 % de son poids, la boîte-boisson 6 g sur 20. Le poids des paquets de café chute tous les ans de 5 à 10 %, et celui des boîtes de conserve a régressé de 20 % en dix ans. Pour certains emballages, le rapport gain de poids/qualité de protection est maintenant optimal, et toute évolution ne peut porter que sur la nature du matériau entrant dans sa composition.

■ Des emballages moins nombreux

Dans de nombreux cas, on assiste à la disparition du suremballage : le tube de dentifrice perd son étui en carton au profit d'une modification de son conditionnement (Colgate Total de Cebal), la purée Mousline, pour son paquet de 125 g, a supprimé la boîte au profit d'un unique sachet plus solide. L'emballage assure du même coup la protection du produit et sa communication sur le linéaire.

■ Un emballage plus souple

Le meilleur moyen de diminuer le poids et la quantité des déchets reste l'emballage souple. Les éco-recharges s'inspirent de ce principe. Une boîte hermétique est proposée lors du premier achat et, par la suite, le consommateur n'achète plus que des recharges (café soluble Carte Noire Instinct, chocolat Nesquik, eau de javel Lacroix). Le système des bricks de Tetrabrick ou l'emballage souple de Soplaril (Doy-pack) permettent le conditionnement des liquides (vin, eau minérale, soupe).

Emballage souple Évian

■ Un contenu moins important

La dernière option pour réduire encore plus l'emballage est de transformer le produit lui-même. On peut ainsi les compacter (lessive, mouchoirs pocket Lotus) ou encore les concentrer (eau de javel Écarlate réalisée en pastilles à diluer).

FONDEMENTS

ANALYSE DE MARCHÉ

PRODUIT

DISTRIBUTION

PUBLICITÉ

COMMUNICATION

Le design

> Le design consiste à donner une forme, une couleur, une sensation à partir d'un objet. Le design, c'est donner une âme au produit, transformer le produit neutre en produit communiquant. Une grande part de l'image se forme sur le lieu de vente, en contact avec le produit.

Design, communication et produit

☐ Le design fait partie intégrante de la communication. Chez Renault, il est au service de la stratégie globale qui consiste à dire : « Renault, ce sont des voitures à vivre, sûres et confortables ». Le design différencie le produit de la concurrence, lui donne une spécificité. La Twingo est un produit design, mais c'est aussi une voiture novatrice. Pourtant, au début, c'est son allure plutôt que les innovations technologiques qui a fait parler d'elle.

☐ Le design ne fait pas vendre plus cher. Il apporte un peu de beau, de plaisir au quotidien.

Méthodologie de création

☐ Cinq phases peuvent être identifiées pour une création. La première est l'imprégnation. Elle consiste à absorber toutes les informations sur le produit, son positionnement, la concurrence, la cible, les processus techniques de fabrication. La seconde phase est une approche créative, avec deux ou trois axes possibles de création, sous forme de *roughs* (crayonnés rapides). La phase 3 est la création en elle-même, avec la réalisation précise de maquettes. La phase 4 consiste à contrôler, sous forme de tests auprès de consommateurs, la ou les maquettes retenues. La phase 5 est celle de la finalisation. Les informations fournies par les tests permettent de finaliser les maquettes et de passer aux préséries.

☐ L'esthétique industrielle doit non seulement améliorer l'apparence visuelle, mais aussi marquer une amélioration du produit.

Les codes graphiques

Le graphisme possède quelques codes que l'on peut résumer ainsi :

Sens des couleurs		Sens des formes	
noir	menace, mort	carré	stabilité, robustesse, rigidité, volonté
blanc	pureté, sagesse		
violet	noblesse, aristocratie, mystère	cercle	perfection
bleu	pureté, paix, technicité, solennité	triangle	divinité, esprit, mouvement, légèreté
vert	nature, jeunesse, espoir, calme		
jaune	expansion, plénitude, activité	rectangle	élégance, masculinité
orange	joie, optimisme, gloire, réussite	ovale	distinction, souplesse, féminité
rouge	tonus, agressivité, violence		

LE PETIT ÉCRAN VU PAR UN DESIGNER

■ La relance par le design

En 1993, après un an passé à la direction de Thomson Multimédia et une réorganisation interne complète, Alain Prestat, nouveau président, impose le renouveau par le design. Pari à la fois osé et vital pour une entreprise qui accumulait plus de 6 milliards de francs de pertes sèches en trois ans.

Philippe Starck, internationalement reconnu dans le domaine des arts décoratifs, prend la direction artistique des opérations. À la tête d'une équipe de 23 personnes dénommée Timthom (Team + Thomson), il coordonne, à partir des données fournies par les chefs de produit, la réalisation des esquisses et des maquettes des nouveaux modèles. Sous le contrôle des ingénieurs, pour la faisabilité technique, et après de sérieuses études financières, Philippe Starck repense ainsi, en étroite collaboration avec chaque équipe marketing, le look de la totalité des produits de l'entreprise. À ce jour, sa « patte » a touché plus de 150 appareils et démontré, s'il en était encore besoin, le rôle essentiel joué par les aspects visuels et ergonomiques du produit, jusque-là plutôt réservés au haut de gamme (Bang & Olufsen).

■ Des produits grand public mieux ciblés

Le design des différents matériels est adapté au positionnement de chaque ligne de produit. Chacune d'entre elles attire désormais, compte tenu de sa forte identité design, un style de consommateur différent. Les marques ne se « cannibalisent » plus, ce qui représente un avantage de taille pour un groupe multimarque. Moins étonnants que les produits du futur qui constituent la vitrine technologique du groupe, ils n'en restent pas moins percutants pour l'œil, tel le Jim Nature en bois moulé de Saba.

Positionnement des marques du groupe Thomson

Marque	Positionnement
Telefunken	Confort bourgeois
Thomson	Techno-zen
Saba	Branché pas cher
Brandt	Produit d'appel

Téléfunken
TV couleur 72 cm 100 Hz – Stéréo Nicam

ZEO de Thomson
TV « culbuto »
36 cm

Thomson
Ensemble
de réception
satellite

■ Une vitrine technologique valorisée

Les produits de demain qui pourraient voir le jour dans quelques années bénéficient également tous d'un design futuriste. Ils possèdent des noms particulièrement évocateurs : Alo, Colomboo, Ego, Luxlux, Plasmaa, TV Partoo, et reposent sur une fabrication à base de fibre de carbone, de bois ou de caoutchouc.

FONDEMENTS

ANALYSE DE MARCHÉ

PRODUIT

DISTRIBUTION

PUBLICITÉ

COMMUNICATION

La fixation du prix

Il n'existe pas de méthode unique, scientifique pour fixer un prix. Plusieurs approches sont possibles. Elles sont fonction de l'objectif marketing : rentabilité à obtenir, positionnement à définir, part de marché à court ou à long terme à conquérir.

■■■■ L'analyse structurelle offre/demande

C'est l'acheteur final qui décide d'acheter ou non, en fonction du prix et de la qualité perçue. Sur des marchés en libre concurrence, le prix est souvent la résultante d'une offre et d'une demande. Si l'offre est supérieure à la demande, les prix ont tendance à baisser, si la demande est supérieure à l'offre, les prix montent. Des marges importantes favorisent l'arrivée de nouveaux entrants, des marges trop faibles suppriment quelques fabricants insuffisamment compétitifs. Il existe quelques difficultés d'équilibre quand le cycle de production est long et les capacités de stockage faibles. Cela explique les fluctuations de cours des matières premières, les variations de cours des fruits et légumes, par exemple.

■■■■ L'analyse de rentabilité

☐ La rentabilité se mesure en termes de marge par rapport au chiffre d'affaires ou par rapport à la valeur ajoutée. Il est préférable de mesurer la rentabilité en fonction des capitaux investis ou de la durée de remboursement des investissements engagés *(pay back)*. Sur le moyen terme, on mesurera les niveaux de rentabilité selon diverses hypothèses de prévision de ventes.

☐ Les magasins à l'enseigne Carrefour ne font pas beaucoup plus de 1 % de marge sur leur chiffre d'affaires. La rentabilité des capitaux investis est de l'ordre de 20 %, soit un niveau équivalent à celui de la distribution britannique, qui pratique des marges sur chiffre d'affaires de l'ordre de 4 %. Plus de 50 % de la marge nette de cette enseigne se fait par les résultats financiers, liés au décalage entre les paiements à la caisse et le paiement des fournisseurs.

■■■■ L'élasticité du prix par rapport à la demande

L'élasticité mesure la variation des ventes liée à une variation de prix. Si un prix varie de plus ou moins 10 %, quelle est l'influence sur les ventes ? Certains produits sont très sensibles à des variations de prix, surtout lorsqu'il y a substitution possible par un autre produit (par exemple, les pommes de terre et les pâtes alimentaires). D'autres, tels les produits de base (par exemple, le sel), ne voient pas leur niveau de vente varier malgré des fluctuations de prix très fortes. L'élasticité peut être testée, mais les méthodes et l'interprétation des résultats sont délicates.

■■■■ Le positionnement, la distribution et le prix

Le prix doit d'abord être cohérent avec l'image du produit et son positionnement, mais la politique de prix habituellement pratiquée par le circuit de distribution doit être prise en compte. Les vêtements des grands couturiers ne peuvent être vendus qu'en boutiques. Le type de distribution induit à la fois un niveau de prix, une image et un ensemble de services.

FIXER LE PRIX D'UN NOUVEAU PRODUIT

■ Le prix de vente : un équilibre fragile

La marge de manœuvre dont dispose l'entreprise pour fixer le prix de vente d'un nouveau produit dépend directement de l'intensité concurrentielle sur le marché visé. S'il s'agit d'un produit largement répandu et peu différenciable, le prix du marché s'impose à l'entreprise. Dans les autres cas, le prix oscillera entre un minimum susceptible de couvrir les coûts plus la marge et un maximum au-delà duquel le produit entre directement en concurrence avec une gamme plus élaborée ou de substitution.

Les points à vérifier pour la fixation des prix

Points clés	Exemples d'éléments d'analyse
– le marché en général	– taux de croissance, barrières à l'entrée
– le segment visé du marché	– taille, existence de produits de substitution
– la concurrence	– degré de concentration, facteurs clés de succès
– le concurrent cible	– part de marché, indicateurs de performance
– le consommateur cible	– comportements, pouvoir d'achat
– l'image de la marque	– reconnaissance, valorisation
– le positionnement de la gamme ou du produit	– éléments de différenciation
– les différents modèles au sein de la gamme	– largeur et profondeur de gamme
– les objectifs de l'entreprise	– rentabilité, taux de croissance, part de marché

■ L'acheteur donne son avis sur le juste prix

Une enquête réalisée à partir d'un échantillon d'acheteurs potentiels peut fournir de précieuses indications à l'entreprise pour la fixation du futur prix de vente. Les personnes interrogées (un millier environ), après avoir pris connaissance des caractéristiques du produit, communiquent leur intention d'achat pour différents prix possibles.

Exemple d'une enquête réalisée pour un nouveau jus de fruits frais

Prix €	Au-dessus de quel prix n'achèteriez-vous pas le produit car vous le jugeriez trop cher ?		Au-dessous de quel prix n'achèteriez-vous pas le produit car vous le jugeriez de mauvaise qualité ?		Détermination du prix psychologique pour lequel un maximum de clients est prêt à acheter le produit	
	% de réponses (1)	cumul des %	% de réponses (2)	cumul des %	% cumulés (1 + 2)	degré d'acceptation 100 % – (1 + 2)
1,2	5	5	50	50	55	45
1,5	20	25	25	75	45	55
1,8	20	45	15	90	35	65
2,1	25	70	5	95	30	70
2,4	30	100	5	100	35	65

■ Le prix psychologique doit satisfaire le plus grand nombre de consommateurs

Le prix d'acceptabilité correspond au prix pour lequel, compte tenu de la qualité du produit, un maximum de consommateurs juge qu'il n'est ni trop bas ni trop haut. Ici, 70 % des interviewés (taux d'acceptation maximal) pensent que le juste prix pour le jus de fruits frais est de 2,1 euros. Cette méthode est assez simple à réaliser, mais ne peut convenir que pour des produits déjà connus dont il est aisé de se représenter les fonctionnalités.

FONDEMENTS

ANALYSE DE MARCHÉ

PRODUIT

DISTRIBUTION

PUBLICITÉ

COMMUNICATION

La distribution

Entre producteurs et consommateurs, il existe le plus souvent des opérations intermédiaires nécessaires telles que stockage, transport, sélection des produits, promotion et mise à disposition de la clientèle. Ces opérations et les structures qui les assurent constituent l'appareil de distribution.

Les canaux et les circuits de distribution

☐ Un canal de distribution définit une fonction d'intermédiaire : négociant, grossiste ou détaillant. Un circuit est constitué de l'enchaînement des différents canaux empruntés par les produits pour parvenir au consommateur.

☐ Selon le type de marchandise et la politique du producteur, l'écoulement des produits peut emprunter ou non plusieurs canaux :

– les circuits longs comportent au moins quatre niveaux : production ou importation/grossiste/détaillant/consommateur final ; ces circuits constituent l'essentiel du commerce dit traditionnel. Le circuit des matériaux de second œuvre du bâtiment comporte même six niveaux : production/centrales d'achat/ grossistes/détaillants/ artisans/consommateurs ;

– les circuits courts ne comportent qu'un intermédiaire : production ou importation/détail/consommateur final ; c'est le cas des hypermarchés, grands magasins, grandes surfaces spécialisées (bricolage, électroménager), sociétés de vente par correspondance ;

– les circuits ultracourts ne comportent aucun intermédiaire : vente directe à la ferme, ventes par les artisans, vente directe par les industriels en magasins d'usine ou par correspondance.

La distribution indépendante, associée, intégrée

Les canaux peuvent connaître diverses formes d'organisation. La liberté totale est le fait des indépendants. L'évolution va vers le développement de systèmes de plus en plus organisés : le commerce volontaire, ou associé, est constitué par les groupements et coopératives de grossistes ou de détaillants et les chaînes de franchisés. L'étape ultime est celle de la distribution intégrée, illustrée par les chaînes de magasins à succursales, tel Casino, où toutes les actions sont dirigées par la maison mère.

Les enjeux stratégiques des distributeurs

☐ Chaque canal est soumis à des enjeux concurrentiels permanents : résister à la pression des canaux amont qui cherchent à influencer leur politique, dominer la concurrence directe, prendre des parts de marché au détriment des autres circuits, réaliser une marge optimale dans l'exploitation de la clientèle aval.

☐ La virulence de la concurrence entre les géants de la distribution moderne que sont, par exemple, Carrefour, Auchan ou Leclerc aboutit à des rapports conflictuels avec les grands groupes industriels (Danone, Nestlé, Pernod Ricard, etc.). Les premiers s'appuient sur la puissance de leur clientèle pour lancer leurs marques propres et négocier au maximum les conditions d'achat, les seconds sur la demande des consommateurs, leur image et leurs parts de marché pour résister à cette pression.

L'IMAGINATION AU SERVICE DU DYNAMISME

■ Des circuits en concurrence

La multiplication des besoins des consommateurs dans un environnement toujours plus concurrentiel fait émerger régulièrement de nouvelles formes de commerce, où l'imagination compte souvent davantage que les capitaux. Selon la théorie du « cycle de la distribution », ces nouvelles formes de commerce concurrencent, dans un premier temps, les réseaux les plus anciens par des prix et des marges inférieures et un service minimum. Progressivement, forts de leurs succès, ils se trouvent tenus d'améliorer leurs prestations. Les coûts s'en ressentent et ils se trouvent à leur tour concurrencés par de nouveaux venus (exemple : le supermarché et le hard discount).

Le cycle de vie de la distribution

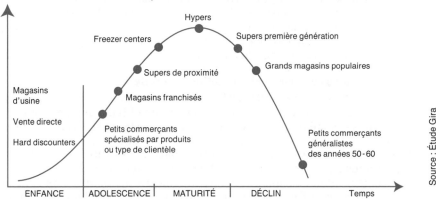

Source : Étude Gira

■ La franchise limite les risques du commerce indépendant

Ce type de commerce de détail (485 réseaux en 1997) lie, par contrat, un franchisé (le commerçant), propriétaire de son affaire, et un franchiseur, qui lui apporte le concept commercial et une logistique. En contrepartie des services qui lui sont procurés par le franchiseur (utilisation de la marque, agencement de la boutique, sélection des produits, centralisation des achats, méthodes de vente, communication et publicité), le franchisé, après avoir payé un droit d'entrée et participé au financement du magasin, doit s'acquitter d'une redevance (en général, un certain pourcentage du chiffre d'affaires).

Cinq grands réseaux de franchise en 1997

Marque	Secteur	Année de création	Nbre de franchisés	Droit d'entrée (en F)	Redevance* (% CA HT)	CA moyen/ magasin (en MF)
Atac	Distribution	1983	37	non	0,5 %	45,0
Yves Rocher	Cosmétique	1970	450	35 000	non	1,9
Midas	Réparation auto	1979	210	130 000	10 %	3,7
Century 21	Agences immobilières	1987	500	90 000	6 %	1,8
Catena	Bricolage, jardin	1953	290	25 000	2,75 %	2,0

D'après *L'Essentiel du management*.

FONDEMENTS

ANALYSE DE MARCHÉ

PRODUIT

DISTRIBUTION

PUBLICITÉ

COMMUNICATION

Les circuits modernes

L'évolution des pratiques de production et de consommation a entraîné des modifications profondes de la distribution ; les « nouveaux commerçants » ont développé les circuits modernes. L'évolution y est permanente et de nouvelles formes ne cessent d'apparaître.

▬▬ L'ancêtre : le grand magasin

Le Bon Marché, premier grand magasin parisien, ouvre en 1852 ; le principe est audacieux : un assortiment large et profond, la marchandise à portée de la main, des prix fixes et « bon marché », de la publicité et des promotions. La crise des années 20 relève les faiblesses des grands magasins ; il faut des surfaces plus petites, plus proches des clients, adaptées à une clientèle plus réduite, avec un assortiment limité et des prix bas ; ce sont les magasins populaires du type Monoprix ou Prisunic.

▬▬ Les grandes surfaces d'alimentation générale

Les supermarchés, surfaces de 400 à 2 500 m², innovent avec le libre-service ; la surface de vente, la puissance d'achat et la productivité obtenue permettent de jouer sur l'offre choix-qualité-prix. En 1949, Edouard Leclerc lance son « combat pour les prix ». En 1963 s'ouvre, à l'enseigne Carrefour, le premier hypermarché : le libre-service est étendu à tout ce qui peut rentrer dans une voiture. Les surfaces sont très importantes : de 2 500 à 25 000 m², et les prix très compétitifs. La concurrence entre enseignes conduit à l'apparition de produits encore moins chers : « produits libres » de Carrefour (1976), marques de distribution et « premiers prix », qui attaquent directement les grandes marques.

▬▬ Les grandes surfaces spécialisées

Le concept choix-prix-service associé au libre-service est la riposte des spécialistes. Peu à peu, ces grandes surfaces apparaissent dans tous les secteurs spécialisés nécessitant choix et conseils : électroménager (Darty), culturel (Fnac, Virgin), ameublement (Ikea, Conforama), bricolage (Castorama, Leroy Merlin), habillement (C&A), jouets (Toys'R'Us) ; ils concurrencent fortement les hypermarchés.

▬▬ Les maxidiscomptes

Inspirés de la distribution allemande et développés en France dans les années 90, les maxidiscomptes (Ed, Aldi, Lidl, Leader Price) sont de petites surfaces (de 700 à 1 000 m²), d'assortiment limité (quatre fois moins que les supermarchés). Leur stratégie est le prix le plus bas possible, une clientèle de proximité, des produits basiques. Le service et le choix sont ramenés au strict minimum.

▬▬ La vente par correspondance et à distance (VPCD)

À l'origine, des industriels du textile souhaitant vendre en direct adressent par correspondance un catalogue présentant leur offre (La Redoute, les 3 Suisses). Aujourd'hui, la vente à distance utilise toute une panoplie de supports : catalogue, annonces presse, téléphone, télécopie, télévision, Minitel, Internet, et le client passe sa commande à distance (courrier, Minitel ou téléphone). Ce mode de distribution touche tous les secteurs.

LES GMS : PRINCIPAL LIEU D'ACHAT DES MÉNAGES EN 1995

Selon la Sofres, 97,5 % des ménages français fréquentent au moins une GMS (grande ou moyenne surface). L'hyper-marché et le supermarché représentent le lieu principal d'achat pour, respecti-vement, 59 % et 36 % des ménages. 448 milliards de francs auront ainsi été dépensés dans les hypermarchés et 292 milliards de francs dans les super-marchés. Le panier moyen se situe autour de 425 francs par visite.

Cependant, si la grande distribution domine le marché de l'alimentaire, elle n'arrive pas à s'imposer dans les autres domaines, compte tenu du succès gran-dissant des grandes surfaces spécialisées (bricolage, jardinage, ameublement, sports et loisirs, etc.). Accusées de porter atteinte au commerce de proximité, les nouvelles ouvertures d'hypermarchés sont aujourd'hui fortement encadrées par la loi Royer et ses dérivés.

■ Hypermarchés : Leclerc en tête

Les hypermarchés, au nombre de 1 105 en 1998, représentent une surface de vente totale de 6 376 000 m² et emploient 212 000 personnes.

Les 5 premières enseignes d'hypermarchés en 1998

Enseignes	Surface* moyenne	Nombre d'unités
1. Leclerc	4 303	376
2. Carrefour	9 301	130
3. Auchan	8 429	120
4. Casino	6 710	111
5. Continent	6 475	86

* En mètres carrés.

■ Supermarchés : Intermarché loin devant

En 1998, avec 6 077 magasins, soit 6 376 000 m² de surface de vente et 212 000 emplois, les supermarchés

connaissent toujours un développement important notamment en raison de la part grandissante prise par le « hard discount » (26 % des supermarchés en 98), repré-senté par des enseignes comme Lidl, Le Mutant, Leader price, Aldi.

Achats alimentaires : le poids des GMS

% d'achat en GMS//tous circuits	1992	1995
Épicerie	94	94
Produits entretien	93	93
Boissons	85	90
Crémerie	87	87
Surgelés	56	65
Boucherie	60	65
Charcuterie	56	64
FLP (fruits/légumes/primeurs)	61	62
Poissons	43	54
Vins fins	45	54

Points de vente n° 621.

Achats non alimentaires : le poids des GMS

% d'achat en GMS//tous circuits	1992	1995
Hygiène, beauté	53	46
Lingerie	29	28
Loisirs (livres, disques)	28	25
Électroménager (petit, gros)	29	23
Jardin	23	19
Équipement maison	27	19
Image et son	18	16
Habillement enfant	21	15
Habillement femme	20	14
Habillement homme	18	14
Articles de sport	15	11

Les 4 premières enseignes de supermarchés en 1998

Enseignes	Surface* moyenne	Nombre de magasins
1. Intermarché	1 353	1 573
2. Super U	1 412	530
3. Champion	1 347	462
4. Casino	1 113	425

* En m²

FONDEMENTS

ANALYSE DE MARCHÉ

PRODUIT

DISTRIBUTION

PUBLICITÉ

COMMUNICATION

La vente par correspondance

> Assurant les services de base de tout distributeur : achats, assortiment, présentation des produits, la VPC a la particularité d'être à même de gérer à distance des flux commerciaux personnalisés. Malgré ses contraintes spécifiques : achat sans vision réelle du produit et frais de livraison, la VPC gagne dans tous les secteurs.

▄▄▄▄ Les secteurs d'activité et les cibles de la VPC

Produits de consommation de masse non périssables, livres et produits culturels, produits consommables des entreprises ou des collectivités, biens d'équipement des ménages ou des entreprises, aucun secteur d'activité, aucune cible n'échappe à la VPC, pour autant que les conditions de base soient réunies : la possibilité de créer un fichier clients, la constitution d'un catalogue de produits dont l'approvisionnement et les prix auront été négociés, la mise en place d'une logistique physique (réception, stockage, expédition) et commerciale (traitement des commandes, exécution, facturation).

▄▄▄▄ La VPC généraliste

Elle est illustrée par les leaders que sont La Redoute et les 3 Suisses : l'outil de base est le catalogue, édité deux fois par an, véritable vitrine de l'offre : c'est l'alternative, à distance, de l'offre des grands magasins et des hypermarchés pour leur activité non alimentaire. Plus de 60 % des ménages recourent, même occasionnellement, à ce type de distribution. La VPC représente cependant moins de 3 % des ventes de détail et moins de 6 % du non-alimentaire.

▄▄▄▄ La VPC spécialisée par type de produit

De même que sont apparues les grandes surfaces spécialisées à côté des hypermarchés, l'offre VPC s'est développée sur des segments restreints, mais avec un assortiment plus profond et des services accrus : gastronomie et œnophilie, loisirs, services bancaires, assurances, entre autres.

▄▄▄▄ La VPC spécialisée par type de clientèle

Dès qu'il est possible d'identifier des cibles de clientèle ayant des motivations et des besoins homogènes, des opérateurs apparaissent : Manutan propose des fournitures industrielles aux PME, Ikea développe un catalogue pour les collectivités, la Camif édite un catalogue pour les collectivités du monde de l'enseignement. Les industries du luxe réalisent des catalogues spécifiquement conçus pour les cadeaux d'entreprise.

▄▄▄▄ L'extension multicanaux

Le développement simultané de plusieurs canaux est de plus en plus courant : La Redoute, Yves Rocher, la Comtesse du Barry ou France-Loisirs ont choisi d'ouvrir des points de vente pour toucher une clientèle de proximité, réaliser des économies d'échelle ou offrir des prestations supplémentaires comme le raccourcissement des délais de mise à disposition. À l'inverse, les grandes surfaces spécialisées développent la vente à distance pour vendre à une clientèle qui ne peut ou ne souhaite pas se déplacer : Ikea et la Fnac proposent désormais ce type de service.

DEUX PAGES POUR SÉDUIRE

La présence du couple tendrement enlacé n'est pas neutre. Il s'agit de susciter un état de bien-être et de l'associer aux objets proposés. Des effets de lumière, d'ombre et de volume sont artificiellement créés pour donner vie aux objets.

L'organisation visuelle de l'ensemble respecte le sens naturel de la lecture. L'œil parcourt la double page en commençant par la droite puis en se déplaçant dans le sens des aiguilles d'une montre. Les produits importants ou les informations prioritaires seront donc placés en haut et à droite.

On le sait bien : 3 990 F, c'est bien moins cher que 4 000 F. Jouer sur les seuils pour faire apparaître des prix psychologiquement bas est une recette toujours utilisée avec succès.

Un catalogue se parcourt double page par double page. L'unité d'ensemble est apportée par la photo centrale qui relie les deux pages, par des objets appartenant à un même univers (l'ameublement) et des couleurs reposantes (harmonie de tons pastels).

Affiché en gros, le nom d'une marque connue ou la description d'une caractéristique (Woolmark) suggère la qualité du produit proposé.

La description de chaque produit est brève et précise. La mise en situation des objets (volume, capacité) permet de les décrire mieux et plus rapidement qu'un long discours. Un code produit permet de commander rapidement.

Source : catalogue Helline, printemps-été 1996

FONDEMENTS

ANALYSE DE MARCHÉ

PRODUIT

DISTRIBUTION

PUBLICITÉ

COMMUNICATION

Les forces de vente

La plupart des entreprises ont besoin d'assurer un contact personnel avec les acheteurs, les prescripteurs et parfois les clients finaux pour faciliter l'écoulement de leurs produits. Leur organisation commerciale repose sur une force de vente dont la mission est d'entretenir et d'enrichir les courants relationnels.

▬▬▬ Une grande variété de missions

Selon le secteur d'activité, selon le type de circuit, un programme de travail plus ou moins diversifié est confié aux vendeurs de l'entreprise. Il recouvre une ou plusieurs des missions suivantes : la prise de commande et la négociation auprès des clients, la prospection et la création de nouveaux clients, la défense des positions face à la concurrence, les actions de conseil et de promotion. Diversité des missions, mais aussi diversité des organisations : il n'y a qu'un point commun entre l'agenda du représentant en confiserie qui prend des commandes chez les boulangers et celui de l'ingénieur négociateur chargé de vendre des usines clés en main : assurer l'objectif de vente.

▬▬▬ Les forces de vente itinérantes ou sédentaires

L'image du vendeur est souvent celle du VRP (voyageur-représentant-placier) qui sillonne le terrain pour réaliser son objectif de chiffre d'affaires. À côté de cette activité traditionnelle se développe de plus en plus la vente par du personnel sédentaire, travaillant sur fichier de clients et de prospects et réalisant à distance tout ou partie de la vente. C'est le cas d'un certain nombre de services comme les produits financiers des banques, mais aussi des produits de grande consommation pour lesquels des télévendeuses prennent des ordres par téléphone, le représentant sur le terrain jouant plutôt un rôle de promoteur et de conseil.

▬▬▬ Une organisation structurée par zone

Les forces de vente sont le fer de lance du combat économique contre la concurrence : les organisations traditionnelles ressemblent à celle d'une armée (d'où l'expression « force de vente ») ; un vendeur est responsable d'un territoire, il fait partie d'une équipe encadrée par un chef de région, lui-même parfois chapeauté par un directeur de zone, le tout dirigé par un directeur des ventes.

▬▬▬ Un métier qui évolue fortement

☐ Les vendeurs ont des interlocuteurs de plus en plus expérimentés ; une partie du travail de routine tel que la prise de commande est transférée sur des systèmes d'échange d'informations. Les vendeurs sont de plus en plus amenés à utiliser des outils informatiques sophistiqués : c'est ainsi que la fonction de vendeur de produits de grande consommation évolue vers le conseil en assortiment, en présentation des produits, en actions de promotion. Ces nouvelles compétences entraînent des recrutements fortement qualifiés.

☐ L'expérience de la solitude, la nécessité de prendre des décisions à chaud, la perception concrète du marché sont extrêmement formatrices ; certaines grandes entreprises imposent à leurs jeunes cadres de passer par la fonction vente pour une période pouvant aller de six mois à deux ans.

L'ORGANISATION DE LA FORCE DE VENTE CHEZ RANK XEROX

■ Des échelons hiérarchiques réduits au minimum

Rank Xerox France s'appuie sur une force de vente spécialisée par marché. Les grands comptes (environ 400, soit 75 % du CA) sont suivis en direct par plus de 500 vendeurs, la clientèle des PME/PMI est gérée par des concessionnaires (plus de 150 pour 24 % du CA) et la grande distribution (1 % du CA) assure la vente de petits équipements aux particuliers. Pour suivre au plus près les évolutions du marché et répondre le plus rapidement possible aux attentes de la clientèle, on ne compte pas plus de cinq échelons hiérarchiques entre le sommet et le terrain.

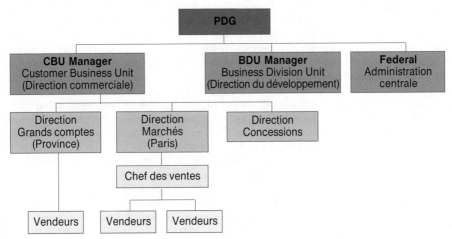

■ Une pression constante mais payante

Pour stimuler la force de vente, les performances de chaque commercial sont affichées en permanence et les procédures de contrôle nombreuses. En contrepartie, si le vendeur suit ou dépasse ses objectifs, sa rémunération peut être très importante (plus d'un million de francs), compte tenu d'un variable déplafonné (60 % du salaire en moyenne).

Décomposition moyenne de la rémunération

Fixe	
1 070 € par mois pour un débutant	40 %
Variable	
Prime sur le CA des ventes ou des locations réalisées	44 %
Prime d'objectif assigné à la force de vente	5 %
Prime trimestrielle de priorité	6 %
Prime ponctuelle sur un produit	5 %
Total	100 %

■ Une formation spécifique et intensive

Rank Xerox consacre 8,5 % de sa masse salariale à son école de vente. Tout nouvel embauché suit obligatoirement un premier stage de trois semaines qui le forme aux techniques de vente à partir de mises en situation (jeux de rôle) et de cas pratiques créés par la société. Il permet au futur vendeur d'acquérir toutes les ficelles du métier.

FONDEMENTS

ANALYSE DE MARCHÉ

PRODUIT

DISTRIBUTION

PUBLICITÉ

COMMUNICATION

Les outils d'action des forces de vente

Sans supports d'action ou d'information, un représentant est comme un soldat sans arme. La fonction marketing contribue à la mise en œuvre des supports adaptés aux différentes missions.

Les supports de présentation, de démonstration et de conseil

☐ Les représentants sont d'abord les ambassadeurs de leur entreprise. Ils utilisent pour ce faire les catalogues et les tarifs, les brochures, les échantillons ou les spécimens. La qualité de la présentation et la clarté des informations sont primordiales : c'est l'expression directe de la politique de l'entreprise, c'est un facteur important de création d'image. Les forces de vente utilisent des supports ponctuels pour présenter les campagnes de publicité et de promotion, les nouveautés du catalogue.

☐ Un produit ou un service nouveau pour le client nécessite une argumentation particulière ; il s'agit de faire découvrir ses avantages spécifiques et d'apporter les informations nécessaires. Le représentant va appuyer son discours par une démonstration ou un essai : ce peut être le cas pour une colle instantanée, une nouvelle boisson, un nouveau modèle de voiture ou un nouveau logiciel. La démonstration peut être suivie d'une mise à disposition gracieuse pour une période déterminée : c'est ainsi que Thomson a lancé ses télécopieurs sur le marché.

☐ Les supports d'information sur les produits et les conditions d'achat constituent aujourd'hui un minimum indispensable ; mais les équipes de vente réellement efficaces sont celles qui disposent de supports capables de prévoir les volumes d'activité, de simuler les marges potentielles et d'aider à optimiser l'ensemble des critères de la revente. Le représentant connaît le marché et les motivations des clients mieux que son interlocuteur ; on attend de lui qu'il dispose de supports lui permettant d'aider son client à exploiter son marché : conseils sur la présentation du produit, le prix, l'assortiment, le type de promotion à mettre en œuvre, etc. Certaines forces de vente sont équipées d'outils très sophistiqués : micro-ordinateurs portables utilisant des logiciels d'aide à la décision, guides visuels d'implantation, schémas types d'opérations de promotion.

Les supports de concrétisation

Ce sont tous les documents permettant de valider les conclusions de l'entretien de vente : bon de commande, fiche d'accord promotionnel, contrat de collaboration, etc. ; à chaque type d'accord correspond un type de document approprié.

Les actions de formation

Quels que soient ces supports, ils ne devraient jamais être confiés aux forces de vente sans un entraînement : un bon outil est efficace lorsque l'on a appris à s'en servir dans de multiples conditions d'utilisation. Les forces de vente doivent s'entraîner régulièrement et répéter les points clés de leur programme de travail. Dans les entreprises dynamiques, les outils et leur mise en œuvre sont, en grande partie, conçus conjointement avec les vendeurs eux-mêmes : c'est la garantie d'une efficacité optimale.

■ Les nouvelles technologies au service de la vente

Le micro-ordinateur portable équipé d'un lecteur de CD-Rom est utilisé par le vendeur à la fois pour présenter l'entreprise (l'outil est valorisant et témoigne du dynamisme de la société), ses produits et ses services (on peut voir les produits sous différents angles et en trois dimensions), pour établir sur place des devis et enregistrer les commandes du client, pour transmettre le plus rapidement possible, par modem *via* une ligne téléphonique, ces mêmes commandes à son entreprise.

■ Un argumentaire plus percutant

La puissance du multimédia permet de construire des argumentaires plus efficaces. L'association du texte, des images et du son garantit une meilleure mémorisation des messages. L'animation remplace efficacement un long discours pour démontrer et convaincre rapidement sur des sujets abstraits ou complexes (déroulement d'un process de fabrication, action d'un médicament complexe sur l'organisme, promenade virtuelle à l'intérieur d'un appartement qui n'existe pas encore, etc.).

■ Reebok : la promotion des produits par la valorisation de l'image de l'entreprise

Pour le fabricant américain de chaussures de sport, l'utilisation du portable sur le lieu de vente renforce l'impact des moyens traditionnels (échantillons et catalogues). Il permet de diffuser la totalité du message élaborée par l'entreprise et de remplacer le « book marketing », en décrivant précisément les caractéristiques techniques, les avantages et les cibles de chacun des produits qu'il resi-

tue dans leur contexte. Enfin, une présentation des campagnes publicitaires à venir renforce encore la crédibilité du produit et de la marque auprès de ses revendeurs.

Une page d'écran Reebok

■ Monitor (Otis) : démontrer l'efficacité du service par une mise en situation

Filiale du constructeur d'ascenseurs Otis spécialisée dans le dépannage des appareils, le multimédia est utilisé par les technico-commerciaux pour montrer tous les avantages de la vidéo-surveillance. En particulier, des schémas techniques et une vidéo de simulation de panne peuvent être projetés pour illustrer les propos.

Une page d'écran Monitor (Otis)

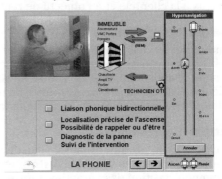

FONDEMENTS
ANALYSE DE MARCHÉ
PRODUIT
DISTRIBUTION
PUBLICITÉ
COMMUNICATION

Le trade marketing

Industriels et distributeurs sont contraints de maintenir leur compétitivité. Mis en œuvre par les forces de vente, le trade marketing traduit une volonté d'agir conjointement sur les postes de dépenses et les secteurs d'activité permettant d'abaisser les prix, d'augmenter les ventes et d'améliorer le service au client final.

La conséquence des années de crise

Le développement de la distribution moderne (jusque vers 1990) a été freiné par la stagnation de la consommation. La réaction des distributeurs a été une pression accrue sur les fournisseurs : prix d'achat plus bas, volume et intensité des promotions plus élevés. Procter et Gamble a été l'un des premiers industriels à démontrer aux distributeurs que les profits sont supérieurs en appliquant une stratégie gagnant-gagnant *(win-win)* et qu'il y a encore plus à gagner en se rapprochant du fournisseur pour faire la chasse à toutes les économies possibles, compatibles avec une satisfaction accrue du client.

La logistique

Régularité et adaptation des approvisionnements à la demande permettent de réaliser des économies substantielles. L'EDI (échange de données informatiques), réalisé en connectant directement les systèmes de gestion des livraisons de l'industriel sur les données d'écoulement du client, permet de réduire les stocks et d'optimiser les flux de produits par l'ajustement de l'offre et de la demande.

Le merchandising

Quel assortiment proposer en fonction de la demande locale, quel espace de vente donner à chaque produit pour obtenir la meilleure rentabilité, comment répartir l'offre entre les différentes tailles d'emballage ? La demande peut varier selon la saison, l'apparition de produits nouveaux, une modification significative des prix, etc. Les techniques de définition de l'offre et de l'allocation d'espace et leur mise en œuvre relèvent du merchandising. Le fournisseur a une connaissance approfondie du marché de sa famille de produits et le distributeur connaît précisément sa clientèle : en mettant en commun leurs savoirs, ils peuvent définir l'offre qui convient le mieux à la clientèle et à l'objectif de rentabilisation du chiffre d'affaires.

Les promotions

Industriel ou distributeur, chacun a ses propres objectifs. Il est fréquent que ces objectifs distincts puissent être associés dans une même opération : le client de l'un et le consommateur de l'autre ne sont qu'une seule et même personne ; faire déplacer un client et faire découvrir un nouveau produit sont des objectifs compatibles, d'où les promotions en partenariat.

L'après-vente

Le client d'un produit est aussi celui du détaillant chez lequel l'achat a été réalisé ; la fonction d'après-vente du distributeur peut intégrer des services élaborés en commun : gestion des garanties, reprise, réparation, conseils d'utilisation.

LE CLIENT TRAIT D'UNION

Le trade marketing a ouvert la voie d'une relation moins conflictuelle entre les différents acteurs de la profession. Les résultats de ce dialogue débouchent aujourd'hui sur différents aspects de l'organisation : les promotions, mais aussi la logistique, le lancement des nouveaux produits ou l'assortiment des points de vente. Aussi, l'évolution naturelle du trade marketing s'appelle aujourd'hui ECR et fait partie d'un ensemble de nouveaux concepts qui agitent le monde de la distribution et qui, à la différence du trade marketing des débuts, place avant toute autre chose le consommateur au centre de l'analyse.

Les mots clés du trade marketing

Catégorie management

Le consommateur devient le pivot autour duquel vont se coordonner toutes les actions de trade marketing au profit d'une offre catégorielle (par exemple, les produits pour le petit déjeuner : café, lait, jus de fruits, beurre, céréales, confitures, etc.).

Selon l'étude de Marketing Profit/Secodip, le *category management* vise à « optimiser les moyens afin d'obtenir, pour chaque catégorie, le bon assortiment, la bonne implantation, les bons prix et les stratégies de promotion les plus appropriées au moindre coût ».

ECR : Efficient Consumer Response

L'ECR ou « réponse efficace à la demande du consommateur » cherche à améliorer les flux d'information entre les producteurs et les distributeurs, dans une optique d'optimisation des ventes. Il s'agit de croiser les informations sur les produits qui sortent des magasins (à partir de la lecture des codes-barres lors du passage aux caisses) avec celles fournies par les panels de consommateurs pour diminuer les stocks, gérer les approvisionnements en flux tendus et cibler au mieux l'offre produit au niveau de chaque magasin.

EDI : Échange de données informatisées

Canal d'information par voie électronique de l'ECR entre le distributeur et ses fournisseurs. Par messagerie transitent ainsi des documents Gencod, EAN et Edifact. L'EDI s'est d'abord développé dans le secteur de l'habillement avant de se répandre dans l'alimentaire. Le réapprovisionnement automatique des points de vente constitue, à terme, l'une des utilisations majeures de l'EDI.

Gencod

Le Gencod ou Groupement d'études de normalisation et de codification est un organisme paritaire créé en 1972 à l'initiative des producteurs et des distributeurs. Il est à l'origine du code EAN qui spécifie chaque produit et que l'on retrouve sous forme de code-barre sur les emballages.

Trade marketing global

Il concerne l'organisation de l'industrie dans son ensemble. Par extension, on parle de trade management. Il s'agit, pour tous les acteurs de la filière, après avoir positionné le client au centre de l'entreprise, de repenser les structures et les fonctions dans l'optique d'un meilleur service client.

FONDEMENTS

ANALYSE DE MARCHÉ

PRODUIT

DISTRIBUTION

PUBLICITÉ

COMMUNICATION

Le merchandising

C'est l'ensemble des méthodes, supports et actions ayant pour but, dans une situation de libre-service, d'optimiser les ventes et d'apporter un maximum de satisfaction à la clientèle dans la recherche et dans l'achat des produits. Son rôle est de définir une nouvelle organisation de l'espace de vente.

■ L'organisation de l'espace de vente

☐ Le merchandising, défini pratiquement, est l'art d'assurer, dans les espaces de vente, la mise en place et la gestion des quantités nécessaires et suffisantes du bon produit, au bon endroit, au bon moment et au bon prix.

☐ Pour le distributeur, il faut d'abord arbitrer, dans un espace toujours limité, en faveur de la meilleure place possible pour les différentes familles de produits mis en vente. Par exemple, dans un supermarché, produits frais, surgelés, épicerie, boissons, bazar, textile, occupent des zones bien délimitées ; chaque enseigne a sa politique, et pour chaque taille de magasin il y a une affectation différente : priorité à l'alimentation dans les petits points de vente, part accrue pour le bricolage et l'habillement dans les plus grands. Les rayons vont agir sur les flux de circulation : de façon à irriguer l'espace de vente, les produits d'achat fréquent sont souvent placés en fond de magasin.

☐ Le balisage des rayons est indispensable pour faciliter les recherches des clients. Tout cela s'applique également aux grandes surfaces spécialisées (bricolage, ameublement). Par extension, on comprendra que l'organisation d'un catalogue de VPC, où sont présentées différentes familles d'articles, est elle aussi régie selon ces principes.

■ L'organisation du linéaire et l'espace alloué aux produits

☐ Au niveau d'un rayon, par exemple la confiserie, l'espace de vente se définit par un linéaire : les étagères, et ses extrémités : les têtes de gondole. Il est d'usage de distinguer les zones à fort impact : niveau des yeux et des mains où l'on implante les produits « à pousser », des zones « froides », près du sol, où seront présentés les produits de première nécessité et les emballages volumineux. Les têtes de gondole, à fort impact visuel, sont réservées aux promotions et aux produits en lancement. Le matériel est adapté au type de produit : corbeilles pour la confiserie, étagères pour les conserves, casiers pour les vins fins, panneaux à broches pour la quincaillerie.

☐ Chaque produit (appelé « référence ») a un emplacement dans le rayon et un espace de linéaire, calculé soit en « facings » (face d'un emballage) soit en centimètres. L'addition des surfaces allouées à chaque produit donne le linéaire développé du rayon, égal au linéaire au sol multiplié par le nombre d'étagères. La bonne implantation consiste à définir un assortiment, ou choix de références, couvrant au mieux la demande de la clientèle et à donner à chaque référence sa juste place : nombre de facings nécessaires pour être vu, quantités suffisantes pour éviter les ruptures et les remplissages trop fréquents, quantités limitées pour éviter les stocks morts. L'allocation d'espace s'appuie de plus en plus sur des programmes informatiques permettant de simuler la rentabilité des implantations envisagées, en donnant la priorité au chiffre d'affaires, à la répartition de la demande ou à la marge brute.

LA SEITA BRÛLE D'ÊTRE VUE

■ Les GMS :
un réseau incontournable

Plus de 10 milliards d'allumettes, soit 50 % du chiffre d'affaires de la Seita pour ses produits de la gamme feu, sont commercialisées chaque année par l'intermédiaire des GMS.

Répartition du marché des allumettes en GMS

Type d'allumettes	% des ventes
cuisine	60 %
salon	20 %
cheminée	13 %
fumeur	7 %

■ Les allumettes :
un produit mal repéré

Jusqu'en 1995, l'allumette était un produit mal identifié au sein des grandes surfaces. Traitée de façon marginale et positionnée à l'avenant dans différents rayons ou à la sortie près des caisses, une étude a révélé que 85 % des consommateurs ignoraient en fait où trouver rapidement à l'intérieur des magasins les allumettes dont ils avaient besoin.

■ Les allumettes :
un marché qui se segmente

Face à cette constatation, qui nuisait tant à la valorisation du produit qu'à la progression du chiffre d'affaires, la Seita a élaboré toute une démarche merchandising. Par ailleurs, celle-ci était rendue nécessaire par l'évolution du marché. Une part de plus en plus significative des ventes, mais surtout de la marge, se réalise désormais sur des boîtes d'allumettes haut de gamme (allumettes de grande taille pour la cheminée ou le salon, notamment).

■ La solution :
un présentoir adapté

À l'instar de produits à forte valeur ajoutée, les produits de la gamme feu se devaient donc d'être mis en valeur. La démarche consiste à regrouper, en un même lieu (rayon bazar ou droguerie) et sur un présentoir spécifique, tous les produits de la gamme feu, c'est-à-dire non seulement les allumettes mais aussi les briquets ou les allume-barbecue, qu'ils soient de la marque ou de la concurrence.

Cette action permet, à la fois, de répondre à la demande des consommateurs (un lieu unique pour tous ces produits), de mettre en avant une gamme plus large et de satisfaire les distributeurs, qui ne peuvent ignorer un marché de plus de 50 millions d'euros, à très forte rotation (comme le sucre ou l'huile).

Enfin, et ce n'est pas là le moindre des résultats, ce type d'implantation s'est traduit par une augmentation des ventes d'environ 30 %.

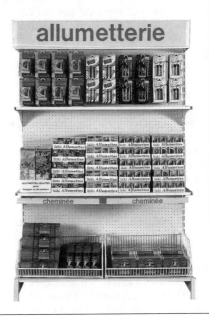

FONDEMENTS

ANALYSE DE MARCHÉ

PRODUIT

DISTRIBUTION

PUBLICITÉ

COMMUNICATION

La stimulation des vendeurs

> La stimulation des forces de vente est souvent pratiquée par les entreprises : elle consiste à mobiliser les vendeurs par des avantages exceptionnels pendant des périodes cruciales, pour les inciter à réaliser des objectifs exceptionnels. Il existe des modes de stimulations individuels mais aussi collectifs.

La panoplie des mécanismes

À l'origine, les voyageurs de commerce étaient payés à la commission, système simple apportant une rémunération proportionnelle aux ventes : la stimulation était intégrée à l'effort individuel. La commission des vendeurs a cédé de plus en plus la place à des systèmes de salaires fixes complétés par des primes d'objectifs, ou même de salaires fixes seuls, contrepartie régulière du travail effectué ; mais, dans les situations qui demandent un effort tout particulier : implanter un nouveau produit, décrocher de nouveaux clients, augmenter le volume des ventes, les campagnes de stimulation viennent motiver et récompenser les vendeurs. Il existe de nombreux systèmes, dont les concours ou challenges, qui ne récompensent que les meilleurs vendeurs, les primes proportionnelles aux résultats et les primes d'atteinte et de dépassement d'objectifs.

Les campagnes de stimulation

☐ La vente est, en général, un travail d'équipe : il y a intérêt à mettre en valeur ce mode de fonctionnement en récompensant l'atteinte d'objectifs collectifs, moins soumis à la variabilité inévitable des performances individuelles ; l'esprit de compétition développé par un tel système est amplifié dans le cas des concours interéquipes ; encore fréquentes, les stimulations purement individuelles ont l'inconvénient de favoriser le « chacun pour soi », préjudiciable à l'entraide et à l'état d'esprit d'équipe.

☐ Les récompenses et les gratifications peuvent être de quatre types : l'argent, les cadeaux à choisir dans une sélection préparée à l'avance (catalogues, bons d'achat), les voyages et les honneurs. Il est possible de panacher : par exemple, cadeaux et voyages ; dans tous les cas, et bien sûr quand il n'y a pas de récompenses matérielles, les honneurs, les témoignages de reconnaissance sont le plus puissant facteur de satisfaction au plan psychologique.

☐ La qualité et l'importance des moyens de communication sont déterminants dans la réussite d'une stimulation. Phase de sensibilisation aux objectifs et aux récompenses, phase d'encouragement à l'effort et de communication des résultats intermédiaires, phase finale : résultats atteints et mise en valeur des meilleurs, du début à la fin, la stimulation doit être « vendue » aux vendeurs. Les bilans avec les intéressés permettront de tirer des conclusions et d'améliorer les futures stimulations.

Former ou stimuler ?

Il y a parfois une tendance à croire qu'une bonne stimulation suffit à motiver les vendeurs et à atteindre les objectifs, en oubliant le travail de base, qui permet de construire le chiffre d'affaires à long terme. Avant de lancer une stimulation, il est bon de se demander si tout ce qui constitue l'ordinaire est déjà fait, et bien fait.

COMPAQ FRANCE DOPE SES REVENDEURS

■ Tropicale Poursuite : un concours au nom évocateur

À la fin de 1994, l'entreprise souhaitait communiquer autour de son dixième anniversaire, en profitant de cette occasion pour dynamiser les ventes de la marque. Un concours, avec un voyage surprise à la clé, a été élaboré à l'attention des revendeurs directs et indirects, soit près de 3 000 commerciaux.

■ Une règle simple et équitable

Les objectifs de vente à atteindre étaient personnalisés par participant (revendeur direct ou indirect, GMS, grossistes) et du potentiel de la zone (10 régions définies). De manière à motiver l'ensemble de la force de vente, un tirage au sort supplémentaire a été organisé à partir de bulletins dont le nombre était proportionnel au chiffre d'affaires réalisé. Des voyages étaient aussi offerts aux responsables des points de vente en fonction de la performance de leur équipe, qu'ils avaient donc tout intérêt à motiver.

Pour maintenir l'attrait du jeu sur la période, les participants ont reçu, à intervalles réguliers des éléments d'information sur le lieu de destination (cassette vidéo, exemplaire spécial du magazine *Géo.*).

■ Garante d'une forte implication

Quatre-vingt-dix pour cent des revendeurs ont participé à ce concours, qui a entraîné une augmentation substantielle des ventes sur la période et permis à plus de trois cents gagnants de partir en Afrique du Sud.

Quelques règles du jeu à respecter	
Personnaliser les objectifs pour motiver l'ensemble des commerciaux.	Les vendeurs les plus anciens bénéficient d'un vaste portefeuille et les mieux placés d'une zone de chalandise à fort potentiel. Il faut donc adapter les objectifs à chaque situation, sous peine de démotiver rapidement un grand nombre de vendeurs.
Animer le jeu sur toute la durée du concours.	Si l'on se contente de définir des objectifs globaux, les efforts des vendeurs se concentreront en fin de parcours. Il est préférable de prévoir des étapes intermédiaires qui maintiendront la pression et l'intérêt de l'opération sur la durée.
Un concours est aussi une opération de communication interne. Il faut donc prévoir le budget en conséquence.	Le concours doit permettre d'améliorer la performance de l'entreprise dans son ensemble. Au-delà des résultats individuels, un jeu bien réalisé est un outil puissant de communication interne (synergie entre les services), d'identification des salariés à leur entreprise, de développement de l'esprit d'équipe.
Une opération de stimulation suppose une formation adéquate des vendeurs.	Les jeux et les concours permettent d'amplifier les effets d'une campagne commerciale. Une telle opération suppose donc une bonne compréhension des objectifs poursuivis et une formation préalable aux produits concernés par l'action.

FONDEMENTS
ANALYSE DE MARCHÉ
PRODUIT
DISTRIBUTION
PUBLICITÉ
COMMUNICATION

L'après-vente

Qu'il s'agisse de remédier aux défaillances d'équipements ou aux défectuosités de produits, l'après-vente a été d'abord considéré comme un mal nécessaire. Avec l'âpreté de la concurrence et le souci de la satisfaction du client, l'après-vente est devenu une donnée stratégique et un facteur décisif de compétitivité.

▬▬▬ Les principales prestations de l'après-vente

Elles couvrent globalement tout ce qui peut concourir à la satisfaction et à la fidélisation du client une fois que l'achat a été réalisé :
– la préparation à la mise en route ou à l'utilisation : mise en service d'un équipement électroménager ou recette de bonne préparation d'un produit alimentaire nouveau ;
– l'intégration d'éléments permettant d'actualiser ses performances : par exemple, la mise à jour d'un logiciel à prix préférentiel, le contrat d'entretien d'un chauffe-eau à gaz, le contrôle gratuit d'un équipement au terme d'une période définie ;
– le maintien en bon état de fonctionnement d'un équipement : fourniture payante ou gracieuse de pièces détachées nécessitant un remplacement périodique ;
– la mise à disposition de matériel ou de produit de remplacement en cas de défaillance : prêt d'une automobile de rechange pendant les réparations ;
– de façon générale, la mise en œuvre directe, ou par filiale spécialisée, ou *via* les revendeurs de tout ce qui fait l'objet des garanties accordées au client.

▬▬▬ L'après-vente des biens d'équipement

Dans un environnement technique évolutif, qui rend rapidement obsolètes les équipements, la qualité de l'après-vente constitue un élément sécurisant pour l'acheteur : garantie de pièces détachées et de dépannage, reprise avantageuse en cas de nouvelle acquisition. Les réseaux de vente d'automobile construisent une partie significative de leur fonds de commerce sur l'après-vente : type d'avaries couvertes, nature (pièces ou pièces et main-d'œuvre), durée en années ou distance en kilomètres, etc. Certains distributeurs d'électroménager (Darty, par exemple), devant les lourdeurs structurelles des industriels et pour se démarquer de la concurrence, font de leur après-vente un argument décisif et une source de profit substantielle.

▬▬▬ L'après-vente des produits de grande consommation

Les grands industriels opérant sur ce secteur s'engagent pour la plupart à remplacer, sur demande justifiée, tout produit défectueux ; les grandes surfaces vont plus loin en assurant la reprise, même non motivée, de tout produit non utilisé. Casino, pour souligner la qualité des produits de sa marque, propose la formule : « Satisfait ou remboursé deux fois. »

▬▬▬ L'après-vente et les services

Les prestataires de services, soucieux de nourrir et de personnaliser leurs relations avec leurs clients, commencent à développer des systèmes relevant de la stratégie d'après-vente : évolution au cours du temps des risques à garantir par un contrat d'assurance, suivi du changement de situation des revenus pour modifier un régime de prévoyance, etc.

DONNER DES AILES À SON SERVICE APRÈS-VENTE

■ Un SAV au décollage

Dans la logique du programme Putting People First (« les clients d'abord ») lancé en 1983 par son président, British Airways entreprend la rénovation de son SAV à partir de 1991. Au fil du temps, la concurrence s'est accrue, et l'élément différenciateur de la compagnie ne porte plus sur sa capacité à faire voler des avions mais sur l'ensemble des services apportés à la clientèle. C'est ce cocktail, difficile à copier, qu'il faut optimiser au meilleur coût. L'approche « qualité » met désormais au premier plan la défense du client avant la protection de l'entreprise. British Airways a ainsi pu augmenter son taux de fidélisation et éviter que des clients ponctuellement non satisfaits ne la quittent.

Les quatre grandes catégories de clients

Les frustrés
Ils pourraient se plaindre mais ne le font pas. Bien que non toujours satisfaits, ils reviennent quand même.

Les positifs impliqués
Actifs dans la remontée des informations, ils se sentent concernés par la qualité des services et témoignent d'une grande loyauté vis-à-vis de British Airways.

Les évaporés
Ils disparaissent sans laisser de traces.

Les détracteurs
Ils s'en vont critiques.

Plus ou moins grande difficulté, pour les clients, à contacter British Airways

— Propension du client à se plaindre auprès de British Airways

D'après *Harvard Business Review*, décembre 1995

■ Fidéliser les mécontents

Une analyse du comportement de la clientèle de British Airways a montré que la grande majorité des clients mécontents (68 %) n'exprimaient jamais leurs griefs et se contentaient simplement de quitter la compagnie. Quant à ceux qui s'exprimaient néanmoins, mais leurs remarques ne parvenaient pas au service clients,

British Airways a donc fait en sorte de multiplier les possibilités pour la clientèle d'être entendue et a sensibilisé l'ensemble du personnel sur la nécessité de faire remonter toutes les informations. Aujourd'hui, 80 % des mécontents non seulement restent fidèles à British Airways, mais utilisent encore davantage la compagnie et en font de la publicité.

Un nouvel état d'esprit pour le SAV

Avant : quatre règles	Après : quatre objectifs
1. Censurer les informations reçues par les clients mécontents (aucune remontée d'information).	1. Traiter les informations et les diffuser au personnel.
2. Blâmer les responsables des problèmes.	2. Créer des cercles de qualité intégrant le feedback du personnel.
3. Dédommager techniquement le client au moindre coût.	3. Personnifier l'indemnisation en répondant aux volontés du client.
4. Apprécier la performance du SAV par la quantité des réclamations traitées et non par leur qualité (12 semaines pour répondre à un client, 60 % des appels perdus, coûts d'indemnisation ne cessant d'augmenter).	4. Apprendre à garder le client (présenter des excuses quel que soit le problème, répondre en moins de 72 heures, téléphoner au client pour prévenir que son dossier est en cours, etc.).

FONDEMENTS
ANALYSE DE MARCHÉ
PRODUIT
DISTRIBUTION
PUBLICITÉ
COMMUNICATION

La mesure des performances commerciales

Il n'y a pas d'outil universel pour mesurer l'efficacité commerciale, mais il existe des indicateurs comparatifs, variables d'un secteur à un autre, susceptibles d'aider à apprécier les performances.

■■■■■ Savoir définir ce que l'on veut mesurer

Un bijoutier, une supérette, un grossiste en fruits et légumes, une pharmacie, sont certes des distributeurs ; ils n'ont pourtant guère de points communs, et il est difficile d'imaginer des outils identiques pour analyser les performances de métiers aussi différents. Il existe cependant quelques indicateurs clés caractéristiques de toute activité commerciale ; il convient de les appliquer au cas par cas, en tenant compte des spécificités de l'activité.

■■■■■ Les critères de type quantitatif

☐ Ils sont de trois types : la pénétration sur le marché de référence, la productivité de la clientèle, les ratios de gestion propres au secteur d'activité.

☐ La pénétration se définit comme un pourcentage de la clientèle potentielle : cela suppose que l'on a su définir le type de client et l'étendue géographique, ou zone de chalandise, sur laquelle s'exerce l'activité. Un vépéciste aura une clientèle nationale, un hypermarché opérera sur la zone définie par le temps d'accès nécessaire, un bureau de tabac concernera une partie d'un quartier urbain (pour un industriel, cette pénétration se traduit en pourcentage de clients revendeurs).

☐ La productivité de la clientèle se mesure en pourcentage des achats réalisés par les clients chez le distributeur : un point de vente peut avoir une bonne pénétration et une faible productivité si ses clients n'y font que des achats de dépannage. La multiplication des deux facteurs pénétration et productivité donne la part détenue du marché : elle est optimale quand les deux facteurs sont optimaux.

☐ Les ratios de gestion sont des indicateurs de performance de l'activité : le chiffre d'affaires et les ratios CA/m^2, CA/salarié, CA/client, etc. La marge brute, les ratios MB/CA, MB/salarié, MB/famille de produit ; la rotation des stocks : CA/stocks. Chaque activité se caractérise par des valeurs moyennes vis-à-vis desquelles il y a intérêt à se comparer. Les ratios ultimes, communs à toutes les activités commerciales, sont la rentabilité du chiffre d'affaires et des capitaux investis.

■■■■■ Les aspects qualitatifs

Les critères quantitatifs aident à se situer, à fixer des objectifs chiffrés ; les éléments qualitatifs vont aider à définir les moyens d'assurer le développement de l'activité. Ils sont fondés sur la compréhension de la clientèle et l'évaluation de ses attitudes en matière de politique de prix, d'assortiment, d'accessibilité, d'horaires de fonctionnement, d'innovation, de services : informations, conseils, confort d'achat, livraisons, crédit, service après-vente, etc. La liste des points caractéristiques est à établir en tenant compte du type d'activité, du type de satisfaction attendue, des initiatives de la concurrence, des évolutions constatées et prévisibles des comportements.

LE TABLEAU DE BORD
DU RESPONSABLE COMMERCIAL

Pour suivre son activité, le décideur commercial dispose d'un tableau de bord élaboré en fonction des objectifs qui lui ont été assignés. Avec une fréquence de parution adaptée à sa mission, le tableau de bord résume au travers d'un nombre limité d'indicateurs (une dizaine maximum) les variables clés de son action. Les résultats, présentés de manière à leur donner un maximum d'impact, sont mis en correspondance avec les objectifs et doivent permettre d'extrapoler sur les tendances à venir.

Évolution des ventes

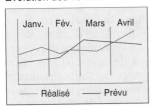

Taux de marge brute

Janv.	Fév.
60 %	59 %
Mars	Avril
61 %	63 %

Nbre de devis demandés

Janv.	Fév.
151	138
Mars	Avril
175	125

Position concurrentielle

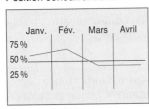

Remises

	Janv.	Fév.	Mars	Avril
Vendeur 1	2,1 %	3 %	4,2 %	2,9 %
Vendeur 2	3,1 %	3,6 %	3,9 %	1,8 %
Vendeur 3	1,4 %	2,6 %	3,0 %	2,5 %
Moyenne	2,2 %	2,9 %	3,5 %	2,4 %

Frais de publicité

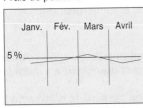

Indice de qualité

	Janv.	Fév.	Mars	Avril
Marchandise	4 %	2 %	1 %	3 %
Délai de livraison	101	99	100	98

– *Évolution des ventes :* les ventes réalisées sont comparées mois par mois aux objectifs.
– *Nombre de devis demandés :* indicateur d'anticipation sur l'activité à venir.
– *Position concurrentielle* (nombre de commandes fermes/nombre de devis): traduit le rapport qualité/prix de l'offre de l'entreprise.
– *Indice des remises en général et par vendeur* (prix facturés/prix tarifés) : indique l'intensité concurrentielle et la capacité de négociation de chaque vendeur.
– *Indice de qualité des marchandises* (valeur des livraisons refusées/valeur des livraisons effectuées) : indique la conformité de la livraison avec la commande (qualité insuffisante, quantités incorrectes). Cet indice est considéré comme normal en dessous d'un certain seuil (2 %, par exemple).
– *Indice de qualité du service* (délai de livraison réalisé/délai de livraison promis).
– *Taux de marge brute* (marge brute des commandes livrées/chiffre d'affaires réalisé) : traduit la performance commerciale de l'activité et sa contribution au résultat de l'entreprise.
– *Indice des frais de publicité* (frais de publicité/chiffre d'affaires) : suivi des dépenses publicitaires à rapprocher de la performance commerciale.

FONDEMENTS

ANALYSE DE MARCHÉ

PRODUIT

DISTRIBUTION

PUBLICITÉ

COMMUNICATION

La publicité médias

Le marketing s'appuie sur des campagnes publicitaires visant à délivrer des messages incitatifs auprès des cibles. Les grands médias sont utilisés pour toucher économiquement un large public. Il existe cinq grands médias qui regroupent de nombreux supports.

▬▬ Les médias et la publicité

□ La publicité est liée à la multiplication et au développement des grands médias ou *mass media*. La réclame puis les grandes campagnes de publicité ont d'abord été rendues possibles grâce à la presse, qui offrait un moyen de communication économique de masse permettant de toucher en peu de temps des populations importantes ; par la suite, les besoins du marketing en supports publicitaires nombreux et diversifiés ont été à l'origine de la création des radios commerciales et des réseaux d'affichage. La publicité ne peut se passer de l'existence des grands médias et, réciproquement, la quasi-totalité des médias serait incapable de survivre sans les ressources de la publicité.

□ Sur l'ensemble des 149 milliards de francs dépensés en communication publicitaire en 1995, les grands médias pèsent près de 54 milliards.

▬▬ Les grands médias et leurs supports

Les grands médias répartis en cinq familles qui sont, par ordre d'importance décroissante : la presse, la télévision, l'affichage, la radio et le cinéma. Chaque grand média regroupe un certain nombre de supports, dont le nombre est très variable. Le support est une enseigne médiatique. Les chaînes de télévision sont des supports. La presse regroupe des milliers de supports, à travers tous les titres actuellement diffusés.

▬▬ Les spécificités des grands médias

□ Tous les grands médias ont pour caractéristique commune de pouvoir toucher simultanément des dizaines de milliers de personnes. Mais chaque média a aussi ses spécificités.

□ La presse se prête à la visualisation et à l'argumentation : la qualité d'attractivité des images et des textes constitue un atout complémentaire fort ; la presse quotidienne régionale est très utilisée pour des actions géographiquement ciblées.

□ La télévision est un média idéal pour toucher un très large public et construire rapidement une notoriété au niveau national. Les coûts de réalisation des messages sont généralement élevés et constituent un frein à l'utilisation.

□ L'affichage permet une forte communication de notoriété, au contenu limité, sans véritable possibilité d'argumentation ; l'affichage est utilisé aussi bien pour des campagnes d'impact très local que pour de grandes actions nationales.

□ La radio est un support relativement facile à mettre en œuvre, bien adapté à la communication d'événements et de promotions, permettant un ciblage sur des publics particuliers en fonction des stations et des tranches horaires.

□ Le cinéma est surtout utilisé pour communiquer auprès des cibles jeunes et urbaines ; la capacité de mémorisation des messages publicitaires diffusés en salles de cinéma auprès d'une audience captive est très élevée.

MARCHÉ PUBLICITAIRE ET GRANDS MÉDIAS

■ Les annonceurs privilégient la presse

Pour de nombreux supports, les recettes publicitaires constituent l'essentiel de leurs ressources de fonctionnement. Leur potentiel d'attrait dépend naturellement, pour chacun d'entre eux, de leur capacité à disposer d'une large audience (télévision), d'un bon taux d'écoute (radio), d'une diffusion importante (presse) ou encore d'emplacements de qualité (affichage).

Globalement, la presse représente, avec plus de 40 % des recettes publicitaires des grands médias (29 milliards de francs en 1997), le premier support des annonceurs. Ces derniers (du moins les plus grands d'entre eux) se tournent cependant de plus en plus vers la télévision, dont la part relative dans la répartition du marché publicitaire n'a cessé de croître au cours des dernières années.

■ Les chaînes généralistes raflent les plus gros budgets

Hors affichage et cinéma, la télévision et tout particulièrement TF1 attire la majeure partie des investissements publi-citaires. Avec les quatre premières places, les chaînes généralistes se partagent environ 60 % du chiffre d'affaires des 30 premiers supports nationaux. Viennent ensuite, par ordre d'importance décroissante, la radio, la presse quotidienne et la presse hebdomadaire. Les entreprises qui investissent le plus appartiennent à l'univers de la grande consommation avec en premier lieu le secteur alimentaire.

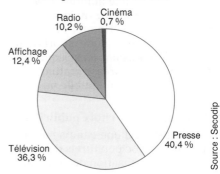

Répartition des recettes publicitaires des grands médias en 1997

Radio 10,2 %
Cinéma 0,7 %
Affichage 12,4 %
Presse 40,4 %
Télévision 36,3 %

Source : Secodip

Les dix premiers supports publicitaires nationaux en 1997 (en milliers de francs)*

1.	TF1	12 391 260
2.	France 2	4 533 772
3.	M6	4 207 368
4.	France 3	2 420 474
5.	RTL	1 724 564
6.	NRJ National	1 343 470
7.	Europe 1	887 763
8.	Figaro	737 861
9.	Canal +	631 542
10.	Monde	625 513

* Hors affichage et cinéma.

Les dix premiers marchés publicitaires (en milliards de francs)

1.	Alimentation	8,4
2.	Distribution	7,7
3.	Transport	7,7
4.	Service	7,0
5.	Beauté	5,6
6.	Culture	4,2
7.	Édition	4,2
8.	Média	4,2
9.	Tourisme	2,8
10.	Boisson	2,1

Source : Secodip

FONDEMENTS

ANALYSE DE MARCHÉ

PRODUIT

DISTRIBUTION

PUBLICITÉ

COMMUNICATION

La presse

Numéro un des grands médias publicitaires, en France comme dans la plupart des pays du monde, la presse regroupe une extrême diversité de titres, chacun ayant son originalité et ses spécificités. Il existe trois types de presse : quotidienne, magazine, à périodicité hebdomadaire ou mensuelle, et spécialisée.

■■■■■■ Les caractéristiques des supports

Il n'est pas de cible déterminée qui ne soit accessible par un ou plusieurs supports de presse ; ceux-ci peuvent être caractérisés par :
– la périodicité : quotidienne, hebdomadaire, bimensuelle, mensuelle, etc.
– le tirage et la diffusion : de quelques milliers à plusieurs millions (l'OJD, ou Office de justification de la diffusion, association interprofessionnelle, contrôle la diffusion des exemplaires, vendus en kiosque ou par abonnement, de plus de 600 titres) ;
– l'audience : c'est le nombre moyen de lecteurs sur une période déterminée ;
– la zone géographique du lectorat : presse nationale, régionale ou locale ;
– le contenu rédactionnel : presse généraliste ou d'actualité, presse dédiée à un centre d'intérêt (mode, sports) ou à une population particulière (les enfants) ;
– le mode de diffusion : en kiosque, par abonnement, mixte, et le mode d'acquisition : presse payante et presse gratuite ;
– le public visé : grand public ou public professionnel.

■■■■■■ Les grands choix publicitaires dans la presse

☐ L'élaboration d'une campagne dans la presse dépend des critères sociodémographiques et socioculturels de la cible, de l'environnement rédactionnel, des possibilités de visualisation de l'offre et de l'environnement de lecture.
☐ La presse quotidienne s'inscrit dans l'actualité ; elle peut être nationale : *Le Monde*, *L'Équipe*, économique : *Les Échos*, régionale : *Ouest France*, *La Voix du Nord*.
☐ La presse magazine à périodicité hebdomadaire ou mensuelle permet de toucher toute la famille à travers la presse télévisuelle (par exemple, *Télé 7 Jours* ou *Télé Poche*), vendue au total à plus de 10 millions d'exemplaires par semaine, presse à laquelle on peut rattacher les 7,5 millions d'exemplaires des suppléments télé des quotidiens et de certains hebdomadaires et la presse d'actualité (*L'Express*, *Le Nouvel Observateur*, *Paris Match*, *Télérama*, *Le Monde diplomatique*).
☐ On réalise des ciblages spécifiques avec la presse économique (*L'Expansion*, *L'Entreprise*, *Capital*), la presse féminine (avec des hebdomadaires comme *Elle* ou *Femme actuelle* et des mensuels comme *Marie Claire* ou *Prima*) et enfin avec les supports spécialisés, soit par le type de lectorat auquel ils s'adressent (*Notre Temps,* par exemple, pour les seniors), soit par le centre d'intérêt sur lequel ils se basent (décoration, musique, littérature, santé, sports, voyages, gastronomie, immobilier, etc.).
☐ La presse gratuite vit à 100 % des recettes publicitaires : magazines de prestige des compagnies aériennes ou ferroviaires, mais aussi journaux gratuits locaux vivant des petites annonces et de la publicité des commerces locaux.
☐ La presse professionnelle regroupe des centaines de titres s'adressant à un lectorat spécialisé par secteur d'activité. Elle se vend la plupart du temps uniquement par abonnement.

LES SUCCÈS DE LA PRESSE MAGAZINE

■ Le tiers de la manne publicitaire presse

Avec 4,1 % des recettes publicitaires « grands médias », la presse occupe la première place du marché de la publicité (la télévision arrive en seconde position avec 36 % d'investissement publicitaire). Le magazine arrive en tête (plus de 15 % des recettes publicitaires, tous médias confondus). Cela s'explique par son fort potentiel d'audience et de ciblage pour les annonceurs.

Répartition des investissements publicitaires presse en 1997

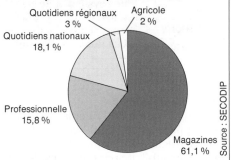

Quotidiens régionaux 3 %
Agricole 2 %
Quotidiens nationaux 18,1 %
Professionnelle 15,8 %
Magazines 61,1 %

Source : SECODIP

■ Le magazine TV domine la presse hebdomadaire

En 1997, 95,3 % de la population lit au moins un magazine, selon l'Association pour la promotion de la presse magazine. Chaque français lit en moyenne près de 6,4 magazines. Parmi les titres les plus prisés de la presse hebdomadaire, tant par les femmes que par les hommes, la domination de la presse télévisuelle est totale.

Les dix hebdomadaires les plus lus en France en 1997 (en milliers de lecteurs)

Par les hommes		Par les femmes	
TV Magazine	6 282	TV Magazine	6 356
Télé 7 Jours	4 904	Femme actuelle	6 334
Télé Z	3 595	Télé 7 Jours	5 668
Télé Star	3 193	Télé Z	4 016
Télé Loisirs	3 159	Télé Star	3 900
Télé Poche	2 770	Télé Loisirs	3 546
L'Équipe magazine	2 620	Télé Poche	3 106
Femme actuelle	2 500	Paris Match	2 826
Auto Plus	2 098	Voici	2 713
TV Hebdo	2 073	Maxi	2 616

Source : AEPM

■ Un lectorat différencié pour les mensuels

Les résultats concernant la presse mensuelle font davantage apparaître les différences de sexe (économie, sport, voyage pour les hommes, et famille, mode, décoration pour les femmes). Conformément à l'air du temps, la presse spécialisée autour de l'univers de la santé *(Top santé, Santé magazine)* connaît un succès grandissant, de même que celle concernant le marché du troisième âge en pleine expansion *(Notre Temps)*.

Les dix mensuels les plus lus en France en 1997 (en milliers de lecteurs)

Par les hommes		Par les femmes	
Auto Moto	2 844	Prima	3 854
Télé 7 Jeux	2 718	Modes et Travaux	3 710
Géo	2 510	Top Santé	3 195
Science et vie	2 271	Notre Temps	3 185
L'Automobile Magazine	2 248	Télé 7 Jeux	3 152
Le Chasseur Français	2 121	Santé magazine	3 116
Capital	1 905	Marie Claire	2 758
Notre Temps	1 722	Média Cuisine	2 708
Ça m'intéresse	1 698	Parents	2 672
Top Santé	1 515	Géo	2 655

Source : AEPM

FONDEMENTS

ANALYSE DE MARCHÉ

PRODUIT

DISTRIBUTION

PUBLICITÉ

COMMUNICATION

La télévision et la radio

Derniers-nés des grands médias, tous deux issus de l'invention des systèmes de télédiffusion des soixante dernières années, la télévision et la radio occupent, respectivement, les deuxième et quatrième places dans le classement des médias publicitaires. Ces deux médias ont chacun leur spécificité.

La télévision

☐ La privatisation de TF1 et la création de M6 et de la Cinq, en 1986, ont accéléré le développement de la publicité commerciale à la télévision, apparue en France dès 1968 ; actuellement, toutes chaînes confondues, la télévision diffuse plus de trois heures de publicité par jour. C'est le média qui permet d'agir à la fois le plus vite et le plus massivement : plus de 95 % des foyers français sont équipés d'au moins un poste de télévision, et un seul spot sur chaque chaîne le même jour au moment du *prime time* (autour de 20 heures) permet de toucher deux Français sur trois. À côté de cette utilisation massive, il est possible de viser des publics ciblés grâce aux espaces publicitaires à proximité d'émissions thématiques, s'adressant par exemple aux enfants, aux passionnés de voile, aux amis des bêtes ou aux amateurs de livres.
☐ Chaque chaîne, malgré une course à l'audience qui pousse à ratisser large, cherche à conserver certaines caractéristiques propres : TF1, leader en audience, se bat pour diffuser les grands événements dans tous les domaines, France 2, chaîne de référence du service public, doit respecter son cahier des charges particulier (fictions françaises), France 3 exploite un caractère régional, M6 s'intéresse aux jeunes et pratique la contre-programmation (émissions différentes de celles sur lesquelles se battent les concurrentes). À côté de ces chaînes généralistes, existent la chaîne à péage Canal Plus, qui avec 4 millions d'abonnés séduit les amateurs de sport et de cinéma, et Arte et la 5, orientées respectivement vers la culture et la pédagogie, qui visent un public limité et fidèle.

La radio

☐ Dès les années 1925-1930, la radio trouve sa place : un média publicitaire facile d'emploi, réactif, qui propose des « affiches » qui parlent et qui chantent. L'âge d'or de la radio se poursuit jusqu'à l'apparition de la publicité commerciale à la télévision, qui va permettre de toucher, par le son et par l'image, un vaste public. Les stations, jusqu'en 1981, se répartissent en deux catégories : les périphériques (RTL, RMC, Europe, Sud Radio) et les publiques (France Inter, France Culture, France Musique). En 1981, l'ouverture de la bande FM va générer la prolifération de milliers de radios locales privées ; il faudra une dizaine d'années pour que la situation se stabilise : les grandes généralistes (France Inter et les périphériques) émettent sur la FM, mais sont très concurrencées par les « musicales » (NRJ, Skyrock, Fun, etc.) et les « adultes contemporaines » (Europe 2, Nostalgie, France Info, etc.).
☐ Les audiences se fragmentent, le ciblage s'affine. Les animateurs participent à la promotion des produits. L'utilisation de la radio comme média d'opportunité, déjà largement éprouvée par le passé, s'accentue encore : la radio est devenue le média d'action tactique de tous les grands annonceurs de la distribution et des réseaux automobiles. Cet aspect tactique est confirmé par l'utilisation ponctuelle de radios locales d'audience très limitée.

LA COURSE À L'AUDIENCE

■ Le stress de l'Audimat

De l'audience mesurée (Secodip, Média-métrie) et de son évolution dépend toute la politique tarifaire de la chaîne ou de la station : plus l'audience est élevée, plus l'espace publicitaire est cher. En 1997, 25 milliards de francs auront ainsi été dépensés par les annonceurs pour vanter leurs marques sur le petit écran. Le coût d'un spot publicitaire de 30 secondes à la télévision varie de 10 000 à 500 000 francs selon la station et la tranche horaire. L'espace radio se vend en fonction de la durée (20, 30, 45 secondes) et de l'audience estimée de la tranche horaire. Les tarifs oscillent entre quelques milliers de francs et plusieurs dizaines de milliers de francs.

■ TF1 : première télévision commerciale

La population des plus de 15 ans passe en moyenne trois heures par jour devant la télé-vision, avec une nette prédominance de TF1. Le total des audiences est supérieur à 100 %, car les téléspectateurs naviguent (zappent) d'une chaîne à l'autre suivant l'intérêt des différentes émissions.

Audience des principales chaînes auprès des plus de 15 ans

Chaîne	Audience cumulée	Temps passé
TF1	72,7 %	37,3 %
France 2	66,5 %	24,8 %
France 3	64,5 %	18,9 %
M6	44,8 %	10,8 %
Canal +	28,5 %	4,8 %
Arte	24,7 %	1,7 %
La 5	19,3 %	1,7 %

Source : *Médiamat/Médiamétrie*, octobre 1995

Audience cumulée en région parisienne des principales stations

Chaîne	Audience cumulée
France Info	19,4 %
France Inter	18,8 %
RTL	18,4 %
Europe 1	12,8 %
Radio Classique	6,2 %
Europe 2	6,2 %
NRJ	5,6 %
Fun Radio	5,5 %
RFM	5,0 %
Chérie FM	4,8 %
FIP	3,8 %
Rires et Chansons	3,7 %

Source : *Médiamétrie*, avril 1995

■ M6 : La chaîne des jeunes

Plus que par la différence homme/femme, les chaînes se démarquent par le public visé. Les jeunes préfèrent M6, et les plus de soixante ans, le service public.

Répartition des téléspectateurs de 15 ans et plus

Sexe	TF1	France 2	France 3	M6
Homme	43,2 %	43,6 %	45,7 %	44,6 %
Femme	56,8 %	56,4 %	54,3 %	55,4 %

Âge	TF1	France 2	France 3	M6
15-24 ans	11,7 %	8,0 %	6,5 %	16,9 %
25-34 ans	15,6 %	10,0 %	10,6 %	21,5 %
35-49 ans	24,0 %	22,9 %	20,7 %	26,7 %
50-59 ans	12,9 %	13,6 %	14,5 %	10,5 %
60 ans et +	35,8 %	45,5 %	47,7 %	24,4 %

Source : *Médiamétrie, Médiamat*, premier semestre 1995

FONDEMENTS

ANALYSE DE MARCHÉ

PRODUIT

DISTRIBUTION

PUBLICITÉ

COMMUNICATION

L'affichage et le cinéma

Affichage et cinéma, deux médias basés sur l'image, occupent deux positions extrêmes dans la panoplie des moyens utilisés dans les plans de communication publicitaire. Alors que l'affichage a pu se développer malgré la place prise par la télévision, le cinéma connaît une lente érosion d'audience.

L'affichage

☐ Conçu uniquement pour la publicité, l'affichage, à la différence des autres médias, n'a pas eu à souffrir du développement de la télévision, grâce à sa situation privilégiée de moyen de communication auprès des personnes se déplaçant dans la ville, sur les routes ou dans les lieux publics. Il se répartit en trois catégories : l'affichage extérieur 4 m x 3 m, l'affichage transports et l'affichage sur mobilier urbain.

☐ L'affichage 4 m x 3 m, avec 200 000 panneaux, assure une couverture de la France entière, et plus de la moitié du parc est installée aux abords ou dans les soixante plus grandes villes ; l'affichage s'achète par période de sept jours et par quantités variables (du panneau unique à un réseau urbain de quelques dizaines de panneaux, jusqu'au réseau national de 10 000 panneaux et plus). La connaissance des caractéristiques de la population statistiquement exposée permet de construire des plans relativement adaptés aux différents types d'annonces : produits de consommation, équipement des ménages, distribution.

☐ L'affichage transports est constitué de panneaux fixes, installés sur les emprises de la SNCF, des aéroports et des réseaux urbains comme celui de la RATP (quais et couloirs du métro), et de panneaux mobiles (flancs et arrière des bus). Le pourcentage des Parisiens de plus de quinze ans exposés en deux semaines à un affichage métro/RER atteint 65 %, et à une campagne bus 95 %.

☐ L'affichage sur mobilier urbain au format 120 cm x 175 cm, créé en France par Decaux, est installé principalement sur les 25 000 abribus de plus de 600 villes.

☐ L'affichage, considéré comme un média peu sophistiqué, s'illustre cependant par des actions fortes et créatives : animation par des comédiens « dans » l'affiche, campagnes à suspense et révélation.

Le cinéma

☐ C'est le plus petit des grands médias : il a connu une lente érosion au cours des vingt dernières années et représente moins de 1 % des dépenses publicitaires. Avec environ 3 000 salles, il permet de toucher de deux à trois millions de spectateurs par semaine (à titre de comparaison, un seul spot à 20 heures sur TF1 permet d'en toucher huit millions).

☐ C'est le média le plus coûteux en raison des frais de production des films et des copies, mais il présente suffisamment d'intérêt pour que les annonceurs l'utilisent pour de nombreuses campagnes publicitaires : la cible du cinéma est jeune (50 % des spectateurs ont de 15 à 25 ans), aisée et urbaine ; l'impact des messages est exceptionnel, avec un remarquable taux de mémorisation : pour un film de 30 secondes, il dépasse les 50 %, contre une moyenne de 15 % pour un film de même durée à la télévision. Son audience est connue de façon très précise à partir du nombre des entrées.

COMMUNIQUER
SANS EN AVOIR L'AIR

■ La publicité sans le spot

Comment toucher, à un faible coût, des millions de consommateurs potentiels en leur suggérant que votre produit fait partie de leur mode de vie ? Tout simplement par le film cinématographique, en utilisant ce que les professionnels appellent le « placement de produit ». Les annonceurs sont ainsi présents dans 90 % des productions réalisées.

■ Trois moyens pour intégrer sa marque à une production

– *Le prêt des produits :* il s'agit en général des accessoires ou des décors qui se retrouvent dans tous les films. Ils sont suffisamment caractéristiques pour que le spectateur puisse en reconnaître la marque (une voiture, un ordinateur, un rasoir, un parfum, un robot ménager, un garage, une gare, etc.).

– *L'échange de bons procédés :* certaines marques sont difficilement reconnaissables. Aussi préfèrent-elles, en échange du prêt de leurs produits (vêtement par exemple), pouvoir se servir du film à des fins promotionnelles. Lancel a ainsi offert à ses clients une avant-première du film de Lelouch, *Les Misérables,* contre le prêt de bagages.

– *La participation financière :* c'est le système le plus couramment répandu. Il permet au producteur de récupérer des sommes substantielles. Certains réalisateurs tels que Claude Chabrol ou Claude Lelouch vont même jusqu'à adapter des scènes pour mieux intégrer le produit.

■ Un coût qui peut rapporter gros...

Globalement, par le biais de cette publicité déguisée, l'industrie cinématographique récupère autour de un milliard de francs par an, dont 60 millions en France (de 20 000 à 300 000 francs par présence). Entre un film américain qui sera vu par 600 millions de personnes dans le monde et un film intimiste français qui n'en touchera que quelques milliers, l'éventail des possibilités est large. Pizza Hut aurait payé un million de dollars pour sa présence dans *Demolition Man* avec Sylvester Stallone. En France, Perrier, avec ses affiches dans *La Haine,* de Matthieu Kassovitz, a réalisé une bonne opération en ne dépensant que 30 000 francs pour un film qui a fait plus de 1,2 million d'entrées. La marque Email Diamant a dépensé 200 000 francs pour être citée oralement par Christian Clavier (« C'est la pâte Email Diamant ») dans une scène des *Visiteurs,* au moment où il sort le tube de sa besace. Plus de 12,1 millions de spectateurs, sans compter les cassettes et les diffusions télévisuelles, font de cet investissement un excellent rapport audience/prix.

■ ... mais qui n'est pas sans risque

La publicité audiovisuelle sur l'alcool et le tabac est interdite en France (loi Évin). Le cinéma permet de contourner partiellement cette interdiction. Pour conforter l'image d'un produit ou annoncer son lancement, rien ne vaut une bonne mise en situation grâce à la part de rêve que véhicule le cinéma. Cette stratégie n'est pas pour autant sans danger, et les retombées dépendront de l'utilisation du produit par le réalisateur. Mal mis en valeur, l'assimilation faite entre la situation et le produit sera perçue négativement (alcoolique buvant, cancéreux fumant, voiture s'écrasant trop facilement).

FONDEMENTS

ANALYSE DE MARCHÉ

PRODUIT

DISTRIBUTION

PUBLICITÉ

COMMUNICATION

Internet, un nouveau média

Bientôt en concurrence avec les grands médias, émetteurs de masse sans possibilité de réponse, Internet propose un nouveau type de communication interactive : la communication de masse en réseau. Pour l'instant encore très novatrice, la communication en réseau est appelée à un bel avenir.

Internet et le *Web*

☐ Toile d'araignée d'ordinateurs reliés par les télécommunications, Internet est le plus vaste réseau informatique mondial ; selon l'enquête de *Network Wizards*, il réunirait, en janvier 1996, près de 9 500 000 ordinateurs, soit environ 66 millions d'utilisateurs potentiels (sept en moyenne par machine). Les « internautes » forment une population cosmopolite à forte prédominance nord-américaine, qui comporte des personnes privées, des enseignants et des étudiants, des personnels des entreprises et des administrations. La France, bien équipée avec le Minitel, est venue tardivement à Internet ; le nombre d'internautes français serait de quelques centaines de milliers.
☐ Le *Web* (ou *World Wide Web* : réseau informatique mondial) est un système permettant de diffuser largement et simplement sur Internet des informations multimédias : texte, son et image animée ; plus de 25 000 serveurs, dont plusieurs centaines sont français, y dispensent des informations dans tous les domaines et font d'Internet un nouveau média, concurrent et complémentaire des grands médias.

L'information et la communication sur Internet

Internet offre une multitude de services : information générale (on peut lire *Le Monde* et *L'Express* sur l'écran) ou particulière (conseils des industriels de la micro-informatique), possibilité d'échanges entre chercheurs et étudiants, large éventail de systèmes de communication : boîtes aux lettres électroniques, forums consacrés à des thèmes particuliers (plus de 2 000). La communication commerciale fait son apparition avec les catalogues de vente par correspondance, la commande et la livraison à domicile, les offres de distributeurs (en France, la Fnac ou Decathlon).

Vers le marketing *on line*

☐ La possibilité d'une relation directe entre l'entreprise et les consommateurs permet de supprimer les écrans que constituent les médias et la distribution ; de nouveaux processus de vente, qui s'appuient sur une étroite association de la communication et de la commercialisation, sont en plein développement.
☐ Les marques peuvent créer leurs propres magasins, développer des systèmes de démonstration originaux, proposer des promotions sur mesure.
☐ Pour les entreprises, Internet pose de nouveaux défis :
– Y être ou pas ? La décision d'aller sur Internet suppose l'internationalisation de l'offre et un pari sur le futur.
– Se faire connaître : il est nécessaire d'émerger parmi les milliers d'entreprises qui s'expriment sur Internet ; les grands médias peuvent y contribuer.
– Délivrer une offre compétitive : le client Internet est fortement individualiste, il veut avoir la possibilité de préciser exactement ses attentes, le style de produits qu'il recherche, avant de passer à l'acte d'achat.

ENTENDEZ-VOUS TRÈS « NET » ?

Le réseau Internet ne brille pas encore par la qualité sonore de ses transmissions. La station de radio Europe 2 s'y installe pourtant, au début de 1996, avec un site complet.

■ La promotion d'une image de marque

Au-delà de l'écoute possible de certains programmes de la station, la présence sur le réseau permet de faire rimer Europe 2 avec modernité. Elle montre la continuité et la complémentarité qui peuvent exister avec les technologies de pointe déjà utilisées par ce support (le son en 3D et les duos virtuels). Tous les soirs à 22 heures, le réseau se connecte avec l'émission « Radio Net », première radio consacrée à Internet.

■ Un menu soigné pour un vaste choix

Sur la première page apparaît, au son du jingle d'Europe 2, un ensemble d'images (icônes) qui permettent aux utilisateurs (30 % d'étrangers) de choisir immédiatement le thème qui les intéresse : présentation de la radio, des animateurs et de leurs commentaires du jour, de la boutique, du réseau international, découverte de la programmation musicale des chansons françaises, idées de sortie et articles divers (par exemple, un suivi du Raid Gauloises), inventaire critique de ce qui se fait de mieux sur le Web.

■ Une nouvelle forme de dialogue

Pendant l'émission, une vingtaine d'habitués conversent *via* le Net. Un échange peut alors se créer entre l'auditeur et le « visiteur » (personne qui consulte le service sur le Net). À titre ludique, Europe 2 propose aux utilisateurs équipés d'une carte son de modifier les jingles de la radio afin de les faire écouter ensuite dans « Radio Net ». Chaque semaine, la photographie d'un auditeur ou d'un visiteur s'affiche sur le réseau. Les réactions ne manquent pas et varient en fonction du charme ou de l'originalité du sujet. Pour élargir l'audience, les possesseurs de Minitel peuvent aussi se brancher sur le Net grâce à une connexion spéciale.

■ Une logique de développement

Aujourd'hui, il s'agit plus d'assurer une présence que de gagner de l'argent (même les sponsors sont exclus). À moyen terme, une stratégie de groupe est envisagée, avec le rapprochement de tous les sites du groupe Filipacchi. D'autres ouvertures pourraient ponctuellement voir le jour avec des sociétés, du type de la Fnac, dont l'image ou l'offre de produits est complémentaire.

La page d'écran d'Europe 2

FONDEMENTS

ANALYSE DE MARCHÉ

PRODUIT

DISTRIBUTION

PUBLICITÉ

COMMUNICATION

Les autres supports publicitaires

Il existe de très nombreux supports permettant de faire de la publicité sans recourir aux grands médias. Ils sont utilisés lorsque le budget est restreint ou lorsque la clientèle est ciblée.

■■■■ Les supports imprimés

☐ Les annuaires des abonnés au téléphone, les annuaires de commerçants (les pages jaunes) ou professionnels sont les moyens les plus élémentaires et les plus économiques de se faire connaître. Ils n'autorisent qu'un message assez simple.

☐ Le prospectus, appelé aussi imprimé sans adresse, est directement distribué dans les boîtes aux lettres ou dans la rue. C'est une publicité de proximité, très utilisée par les artisans, le petit commerce, les grandes surfaces et les prestataires de services, qui permet à de petites entreprises de se faire connaître dans leur zone de chalandise. Mais son efficacité est limitée par le risque de saturation, lié à une surabondance des prospectus, et par la difficulté d'opérer un ciblage plus précis.

☐ Le publipostage est un courrier personnalisé envoyé aux personnes que l'entreprise désire toucher. C'est le support publicitaire privilégié du marketing direct. Le *bus mailing* en est une forme dérivée plus économique. Il regroupe plusieurs cartes-réponses publicitaires en un seul envoi. C'est un support plutôt destiné aux entreprises ou aux professionnels.

■■■■ Les supports de télécommunications

☐ Les supports de télécommunications ont l'avantage d'être interactifs et, principalement pour le téléphone, d'être présents dans la quasi-totalité des foyers. On en distingue cinq : le téléphone, le Minitel, le serveur local, le fax et la borne interactive. Ils peuvent être complémentaires soit entre eux, par exemple le serveur vocal et le service Minitel, soit avec les supports imprimés, par exemple l'annuaire.

☐ Le téléphone est utilisé en moyen de publicité et de prospection. En émission d'appel, il permet un dialogue direct avec la cible. Il s'agit alors soit de vente directe soit de relance d'appel lors d'achat, de réabonnement pour des revues ou d'opérations de publipostage. En réception d'appel, le téléphone fait suite à une campagne publicitaire et sert à enregistrer des commandes ou à recueillir les demandes d'informations complémentaires.

☐ Le Minitel permet de délivrer des informations complémentaires aux messages publicitaires : renseignements sur les produits et les services, liste des points de vente, disponibilité des produits, caractéristiques de l'après-vente.

☐ Le serveur vocal se différencie du téléphone uniquement par le fait que l'utilisateur ne dialogue pas avec une personne mais avec un ordinateur. Il se développe, car il touche la population qui n'est pas équipée en Minitel.

☐ La télécopie est aussi devenue un support de messages publicitaires. Actuellement, elle concerne principalement la communication professionnelle.

☐ La borne interactive est une structure télématique qui se trouve dans des lieux de passage (centres commerciaux, gares, expositions, etc.). Sa vocation principale est de renseigner, mais elle peut aussi enregistrer des opérations.

■ Les Français sont « balophiles »

Les deux tiers des Français, et plus particulièrement les jeunes femmes actives mariées avec enfant, trouvent la publicité distribuée dans les boîtes aux lettres à la fois utile, glo- balement bien faite et distrayante. Les plus critiques se retrouvent essentiellement au sein de la population masculine et plus particulièrement chez les personnes âgées, les inactifs et les cadres supérieurs parisiens.

■ L'ISA : un support efficace

Dix pour cent seulement des publicités sous forme d'ISA (imprimés sans adresse) sont jetées par leur destinaire avant d'avoir été lues. Tels sont les résultats d'une enquête de la Sofres réalisée en 1995 auprès de 20 000 foyers pour le compte de Mediapost (filiale de La Poste spécialisée dans la publicité directe). Mieux encore, les deux tiers des Français reconnaissent avoir déjà été influencés et poussés à consommer par ce type de publicité.

Opinion sur les imprimés et publicités[1]

Résultats exprimés en %	Tout à fait d'accord	Plutôt d'accord	Plutôt pas d'accord	Pas du tout d'accord	Sans réponse
On peut y trouver de bonnes affaires	27,3	53,1	14,8	4,8	3,6
Finalement, même si c'est commercial, cela fait plaisir de recevoir du courrier	6,0	26,7	29,3	38,0	4,1
C'est plutôt sans intérêt, ça ne sert à rien	8,9	22,1	48,0	21,0	4,8
Tout cela, ce sont des attrape-nigauds, c'est de l'arnaque	11,5	28,3	41,0	19,2	4,6
Parfois c'est beau, il y a de jolies illustrations, c'est bien fait	11,3	60,6	19,9	8,2	5,0
Cela pousse à la consommation, crée des besoins inutiles	26,4	41,7	22,2	9,7	3,8
On y trouve des informations utiles, on peut comparer	25,7	55,6	13,1	5,6	3,2

Source : Mediapost/Sofres

1. Base : 20 000 répondants.

■ Le message doit séduire en premier lieu la maîtresse de maison

Dans 78 % des cas, le courrier passe d'abord entre les mains de la maîtresse de maison qui effectue un premier tri. Les annonceurs qui ciblent les hommes devront donc s'en faire une alliée, c'est- à-dire un relais de transmission efficace en adaptant les visuels et les textes de leurs messages.

■ La mise sous enveloppe accroît le taux de déperdition

Seize pour cent des publicités sous enve- loppe anonyme sont jetées sans même être lues. Ce taux de rejet plus élevé que pour les ISA simples (10 %) s'explique essentiellement par deux raisons : on sait déjà que c'est une publicité, alors cela ne sert à rien de le cacher ; on perd du temps dans la phase de tri préalable entre les différents membres du foyer.

FONDEMENTS
ANALYSE DE MARCHÉ
PRODUIT
DISTRIBUTION
PUBLICITÉ
COMMUNICATION

Les campagnes publicitaires

Le déroulement d'une campagne publicitaire nécessite la mise en œuvre de compétences très précises : pour l'annonceur, fixation des objectifs, du budget et choix d'une agence ; pour l'agence, sélection de la cible de communication, construction des messages, choix des médias, des supports et de leur utilisation.

▬ Les objectifs de la campagne

L'annonceur définit l'objectif de la communication publicitaire : faire connaître (notoriété), faire désirer (motivations auxquelles on s'adresse), faire agir (comportement recherché). Cet objectif est étayé par une analyse marketing préalable qui doit préciser l'image à développer et le positionnement : identification de la cible, de la concurrence à attaquer et du « plus produit » à mettre en avant.

▬ La fixation du budget

Il existe différentes méthodes, plutôt empiriques, de détermination du niveau du budget. L'une consiste à partir des ventes additionnelles prévues et à prélever une partie du profit escompté pour l'investir en publicité. Une autre part de l'observation des dépenses de la concurrence et conduit à définir le budget comme une « part de voix », c'est-à-dire un pourcentage des dépenses totales de publicité du secteur, qui sera rapproché de la part de marché escomptée : surinvestissement publicitaire lorsque la marque passe à l'offensive, sous-investissement quand la marque est bien installée.

▬ La sélection de l'agence

Elle se fait autant sur des bases rationnelles que qualitatives, voire affectives. Les budgets importants font en général l'objet d'une consultation de plusieurs agences, auxquelles il peut être demandé de faire une recommandation de principe, ou « spéculative », à partir de bases précises : objectifs, contexte et budget. Le choix final s'opère à partir de la création, des recommandations médias, de l'expérience de l'agence et de l'affinité constatée. Ce choix relève toujours d'une sorte de pari quant à l'aptitude de l'agence à bâtir une campagne efficace.

▬ La création publicitaire

C'est la conception de messages qui répondent aux objectifs de communication. La création peut influencer le mode d'utilisation des médias et des supports : un message visant la notoriété pourra être véhiculé par l'affichage ou par un spot de huit secondes à la télévision, un message très argumenté s'exprimera mieux dans la presse ou à travers un « infomercial » (message argumenté) de trois minutes à la télévision.

▬ Le dispositif médias

Le choix des supports obéit à une logique rigoureuse : association de médias complémentaires ou choix d'un média unique, prise en compte des supports les mieux adaptés à la cible, recherche des solutions les plus économiques, arbitrage entre répétition des messages et couverture de la cible, prise en compte des contraintes juridiques propres aux secteurs économiques et aux médias autorisés.

LES ENJEUX D'UNE GRANDE CAMPAGNE

■ Une stratégie bien définie

Depuis 1995 et après des années de retard, le marché français du téléphone mobile sans fil explose littéralement. La déréglementation, l'ouverture progressive à la concurrence, l'évolution des technologies, la baisse des tarifs n'y sont pas étrangers. En 1996, prévoyant un taux de pénétration du produit auprès de la population autour de 4 % contre 2,1 % l'année précédente (en 1998, 8 % de la population possède un téléphone mobile), la société SFR s'était alors fixée comme objectif de doubler ses ventes dans l'année. Cet objectif apparemment ambitieux ne pouvait être atteint qu'à la condition de prendre des parts de marché au leader du moment (France Telecom). Pour s'imposer, une grande campagne publicitaire de plus de 25 millions de francs, réalisée par Publicis, fut alors mise en œuvre.

■ Convaincre en expliquant

Le message est clair et se veut avant tout pédagogique : dans un marché largement méconnu, il s'agit de faire comprendre le rôle de l'opérateur et la diversité des usages du téléphone mobile tout en rappelant la facilité d'utilisation et la convivialité du produit. Publicis a bâti la communication autour de la réalisation d'un « infomercial ». Bien plus qu'un spot publicitaire, il s'agit d'un véritable petit scénario original de trois minutes. La rencontre, dans un train, d'un homme qui doit rejoindre ses deux frères (les trois personnages sont joués par Christophe Malavoy) et d'une femme permet d'expliquer l'utilisation et les coûts du téléphone mobile avec SFR. Ce film présente l'avantage de sortir le téléspectateur du contexte traditionnel de la publicité TV courte et agressive pour le transporter dans la fiction d'un univers de rêve.

■ Le plan de campagne

Le support télévisuel constituait l'un des deux axes centraux de la campagne. Au démarrage, il permettait d'avoir un taux de couverture maximum (60 %). Le relais était ensuite pris par le support papier (encart de 16 pages) qui prenait le temps de faire passer des messages simples destinés à clarifier le marché. Conjointement, un Numéro Vert était mis en service pour pérenniser l'impact de la campagne et l'image du groupe auprès des consommateurs.

Calendrier de la campagne SFR du premier semestre 1996

Date	Support	Actions
10 février	Quotidien L'Équipe Supplément TV du Monde	Une phase de *teasing* le samedi pour annoncer l'événement du dimanche soir. (Message : au moins, dimanche soir, il y aura un bon film sur 4 chaînes.)
11 février	Quotidien *Journal du Dimanche*	Idem pour le soir même.
du 11 février au 1er mars	Spot TV	Diffusion du film publicitaire (50 passages de 3 min programmés sur les 6 chaînes hertziennes, LCI, Canal Jimmy, Eurosport et Paris Première).
du 20 mars au 16 avril	Cinéma	Passage du spot de 3 min dans les 464 salles de cinéma d'Île-de-France.
du 26 février au 22 avril	Presse	Encart de 16 pages à 8 millions d'exemplaires dans une vingtaine de titres (news et journaux de la presse économique). Thème abordé : « SRF fait le point. »

FONDEMENTS
ANALYSE DE MARCHÉ
PRODUIT
DISTRIBUTION
PUBLICITÉ
COMMUNICATION

La stratégie de création

Certains messages publicitaires accrochent et convainquent, d'autres intéressent mais laissent indifférent, d'autres enfin passent pratiquement inaperçus. Le succès d'une campagne dépend par-dessus tout de la valeur de la création. Les contraintes techniques, éthiques et juridiques sont à prendre en compte dès la conception.

La promesse et la preuve

La proposition publicitaire s'appuie sur une promesse : performance (la pile X dure plus longtemps), nouveauté (le dernier parfum signé Dior), avantage prix (les prix Darty), appartenance à l'élite. Cette promesse doit être pertinente et justifiée par une preuve explicite : démonstration de la durée de vie d'une pile électrique, ou implicite : mise en situation d'une boisson dans une ambiance prestigieuse.

Les aspects formels : ton et exécution

□ Il y a maintes façons de planter un décor, il y a cent manières de raconter une histoire. Le message publicitaire doit avoir du caractère, et ce caractère s'exprime par le ton. Il peut être informatif, humoristique, démonstratif, dramatique, anticonformiste, impertinent. L'important est qu'il soit positif, ni insignifiant ni lassant, et qu'il corresponde aux caractéristiques de l'image de la marque.
□ Une bonne conception peut être trahie par une exécution médiocre. La lisibilité d'un texte dans la presse, le jeu des acteurs, la musique et les voix d'un message radio ou audiovisuel, l'harmonie des couleurs, les accessoires, la lumière d'une photo, tout détail prend une importance considérable.

Les qualités intrinsèques du message

□ La capacité d'« accroche » doit être forte : les mots, la musique, la photo ou l'illustration d'une annonce presse ou d'une affiche, les premières images d'un spot télé doivent immédiatement éveiller l'attention.
□ La clarté s'impose : la promesse doit être aisément perçue et facile à mémoriser.
□ L'argumentation doit être fondée, pertinente et crédible.
□ La rapidité de perception du message et de la promesse sont des avantages décisifs pour des campagnes d'affichage ou dans la presse.
□ L'attribution du message à la marque doit se faire sans ambiguïté : il est dramatique de faire la publicité d'un concurrent.
□ L'originalité contribue à donner un caractère distinctif, si possible unique, qui peut faciliter l'accroche et l'attribution.

Les contraintes éthiques et juridiques

Les idées créatives se heurtent souvent à des impossibilités qui relèvent de l'éthique : la création publicitaire ne saurait être dénigrante ou porter atteinte à la morale. Outre ces grands principes, quasi universels, chaque pays a ses propres critères, même s'ils tendent à s'harmoniser au sein de l'Union européenne. En Grande-Bretagne, le ton de la publicité est plus irrévérencieux qu'ailleurs ; en Scandinavie, la présence d'enfants dans les publicités est rigoureusement réglementée ; en France, la publicité mensongère est sévèrement réprimée par la loi Royer du 27 décembre 1973.

LA CRÉATION PUBLICITAIRE DU ROCHER SUCHARD

■ Le cas du Rocher Suchard

Relancer par une campagne d'affichage les ventes du Rocher Suchard qui, bien que leader de son segment, voit sa part de marché en grandes surfaces s'effriter au profit des marques de distributeur.

■ La « Copie Stratégie »

Ce document établi par l'annonceur précise le contenu de ce que la publicité doit communiquer tant en termes de positionnement (le Rocher Suchard est le meilleur, c'est un produit haut de gamme), d'objectifs publicitaires (promouvoir le segment des rochers, réaffirmer l'image de marque de Suchard et sa position de leader), de promesse pour le consommateur (le péché de gourmandise par excellence), de justification (rien ne sert d'y résister) que de tonalité (jouer sur le côté magique et sensuel du produit, sur l'aspect raffiné de la marque).

■ La réalisation

L'agence Young et Rubicam a choisi d'incarner le produit par le portrait d'une jeune femme noire saupoudrée d'or. Le noir et l'or évoquent tout à la fois le produit, son emballage et son côté luxueux ; la posture de la jeune femme, le plaisir et la sensualité liés au produit. Le texte un peu provocant du message vient renforcer le visuel. La présence de la marque est affirmée par son logo, dont la couleur contraste avec la tonalité d'ensemble.

■ Les critères d'analyse du message

L'utilisation d'une grille type d'analyse des messages publicitaires met en relief un certain nombre de points clés. Notés, comme ici, sur une échelle de 0 à 5, ils permettent sinon de garantir le succès, du moins d'éviter des insuffisances graves.

Une grille type d'analyse

	0	1	2	3	4	5
Critères stratégiques Adéquation du message – à la cible – aux objectifs de communication – à la promesse						
Critères de communication Valeur d'attention – force de l'accroche – valeur signifiante Attribution – attribution au produit – attribution à la marque Perception – vitesse de communication Compréhension – clarté – force de conviction Originalité Crédibilité Résistance à l'usure						
Critères de réalisation Faisabilité technique Coût Critères juridiques						

D'après Brochand, *Publicitor*, Dalloz, 1993

LE NOUVEAU
ROCHER SUCHARD

SUCHARD

C'EST UNE
ÉPREUVE QUE
LE SEIGNEUR NOUS
ENVOIE

FONDEMENTS

ANALYSE DE MARCHÉ

PRODUIT

DISTRIBUTION

PUBLICITÉ

COMMUNICATION

Le plan média

Le plan média, ou média-planning, recouvre l'ensemble des techniques et des méthodes permettant, pour un budget et une création définis, de sélectionner les médias et les supports qui serviront de base à la campagne publicitaire. Le but est d'optimiser les investissements et de maximiser l'impact des messages publicitaires.

Les étapes du plan média

□ Au sein de l'agence de publicité, le média-planner est chargé de la conception des plans médias. Il travaille en fonction de la cible visée, du message à transmettre, de contraintes juridiques ou techniques liées au produit et du budget.
□ Son action se déroule en plusieurs étapes :
– choisir les médias dans le cadre d'une enveloppe budgétaire précise ;
– sélectionner les supports au sein de chaque média retenu ;
– fixer la diffusion en déterminant le nombre de passages dans la presse et les dates de parution, de spots TV et/ou radio et leurs horaires de diffusion ;
– établir un budget exact en calculant les coûts de l'achat d'espace.

Le choix des médias

□ Pour sélectionner les médias, le média-planner s'appuie sur des éléments statistiques qui permettent d'évaluer : la diffusion des supports de presse, les entrées dans les salles de cinéma, l'audience à la TV ou à la radio, la mobilité de la population (pour les affichages). Ces statistiques sont fournies par des sociétés spécialisées : Médiamat suit 5 600 personnes représentatives pour mesurer l'audience d'émissions de télévision, Médiamétrie publie l'enquête « 75 000 », qui repose sur 250 interviews d'auditeurs radio par jour pendant dix mois.
□ Le média-planner peut aussi consulter les études qualitatives réalisées par les supports qui portent sur les attitudes et les centres d'intérêt de leurs lecteurs.

Les performances d'un plan média

□ Les critères de performance d'un plan média reposent sur quatre indicateurs :
– la couverture. C'est le pourcentage de personnes de la cible exposées au moins une fois à la campagne ;
– la répétition. Ce critère indique le nombre moyen de messages délivrés aux personnes appartenant à la cible ;
– la puissance correspond au nombre total de messages reçus par l'ensemble de la cible. Elle se calcule grâce à une unité de mesure, le GRP (*Gross Rating Point* ou « point de pénétration brut »), qui correspond au nombre total d'expositions rapporté à cent personnes de la cible. Le GRP d'un plan s'obtient en multipliant le taux de couverture par le taux moyen de répétition ;
– l'économie. C'est le rapport entre le budget investi et le GRP obtenu. On obtient alors un indice, le CPP.
□ Ces quatre indicateurs permettent de construire les différentes hypothèses du plan média et d'évaluer leurs performances relatives. Il existe, en complément, des programmes informatiques permettant de simuler des achats d'espace. Tout cela permet d'optimiser le choix pour arriver au plan média le plus efficace.

ATTENTION AUX MAUVAIS PLANS

■ Viser la cible avant le support

Lorsqu'on parle de presse écrite, il faut distinguer l'audience (nombre de personnes ayant eu le document en main) et la diffusion, qui correspond au tirage (nombre d'exemplaires imprimés) moins le bouillon (les invendus). L'audience utile correspond, pour un support donné, à l'ensemble des personnes qui appartiennent à la cible visée.

Pour diffuser ses annonces, le média-planner classe les supports envisagés à partir de leur coût au mille et il retient ceux qui, à impact identique, présentent le coût le plus faible. L'impact traduit la plus ou moins grande adéquation du message avec le support (une publicité pour une crème de soins aura plus d'impact dans la revue *Santé Magazine* que dans l'*Express*).

■ S'assurer une bonne audience

L'achat d'une page dans un journal ne garantit pas la totalité de l'audience indiquée par le support. Une variation importante de celle-ci peut exister entre deux numéros ou plus, alors même que la diffusion reste identique.

Pour toucher au moins une fois les individus concernés par l'annonce, plusieurs parutions successives seront nécessaires. Toutefois, il ne sert à rien de passer trop souvent la même annonce, car l'audience cumulée tend vers un maximum et l'on risque d'ennuyer le lecteur et donc de nuire à sa propre image (trois expositions sont en général suffisantes).

■ Se faire remarquer rapidement

Lorsqu'on veut imposer très rapidement un message à une population ciblée, il est nécessaire d'en augmenter la visibilité. Dès lors, soit on privilégiera le même support, soit on utilisera la duplication entre les supports (même annonce au même moment dans différents supports dont le lectorat correspond à la cible visée).

L'exemple ci-dessous nous montre les différentes options que peut prendre un annonceur pour diffuser une publicité radio à raison de 30 messages en un mois : le « matraquage » sur une période de quelques jours (schémas 1 à 4), la dispersion continue (schémas 5 à 8), la dispersion intermittente (schémas 9 à 12).

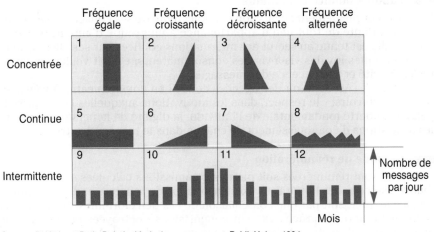

Source : P. Kotler et P.-L. Dubois, *Marketing management*, Publi-Union, 1994

FONDEMENTS

ANALYSE DE MARCHÉ

PRODUIT

DISTRIBUTION

• PUBLICITÉ

COMMUNICATION

L'agence de publicité

Les enjeux économiques des campagnes de publicité, les talents créatifs nécessaires et la complexité de la planification des médias ont naturellement conduit à la création d'entreprises hautement spécialisées : les agences conseil en publicité. Elles assurent quatre grandes fonctions.

Les quatre grandes missions assurées par l'agence

□ L'agence conseil en publicité réunit des savoir-faire diversifiés qui peuvent être regroupés en quatre grandes fonctions.

□ La fonction commerciale est une fonction de coordination et de gestion. Le commercial représente en permanence l'agence auprès de l'annonceur et l'annonceur auprès des autres services de l'agence ; il gère le planning d'avancement des divers travaux, veille à la définition précise des moyens et des engagements budgétaires.`

□ La création est en général un travail d'équipe. Les concepteurs et concepteurs-rédacteurs recherchent les thèmes, travaillent le ton et les mots ; les directeurs artistiques sont plus orientés sur la mise en forme, l'expression graphique, sonore, visuelle. La création assure la production des éléments matériels de base de la communication, qui serviront à la confection des documents, de la mise en ondes, de la mise en images.

□ Le service médias a pour rôle de définir la stratégie médias, de préciser l'utilisation des supports dans le temps, d'assurer les ordres d'achat d'espace, soit comme maître d'œuvre soit pour le compte de l'annonceur.

□ Les études. Cette activité recouvre à la fois les études et analyses en amont, permettant de définir la stratégie de communication publicitaire, et les études portant plus précisément sur la pertinence et l'impact des messages : prétests de concepts ou d'annonces, post-tests de contrôle de l'efficacité des campagnes.

L'indépendance et l'éthique

□ Pour exercer pleinement sa mission et l'objectivité de ses conseils, l'agence doit être indépendante de tout lien d'appartenance à un groupe d'annonceurs ou de supports. Elle est tenue au secret des informations confiées par ses clients, au respect de pratiques loyales vis-à-vis des consommateurs, et doit veiller en particulier à la véracité et à la décence des messages.

□ Selon l'AACC (Association des agences conseil en communication) l'agence a, entre autres devoirs, « le respect, dans les motivations auxquelles l'entreprise fait appel, de la liberté fondamentale de l'individu, la dignité de la personne humaine, et les aspirations d'épanouissement de chacun dans le respect d'autrui ».

Le mode de rémunération

Les agences sont rémunérées soit par des commissions calculées en pourcentage du budget, soit par des honoraires fixés en fonction de la nature et de la quantité de travail à effectuer, soit par une combinaison de ces deux formules. Les agences se rémunéraient en outre grâce aux « sur commissions » octroyées par les supports en fonction de différents critères, tels que le volume d'achat. Avec la loi Sapin, cet avantage a pratiquement disparu.

ENCORE DE BEAUX JOURS POUR LES AGENCES

■ Une concurrence plus sévère, des clients plus exigeants

Comme dans la plupart des secteurs, et même si l'avenir reste prometteur pour les agences avec un marché publicitaire qui ne cesse de croître en France (70 milliards de francs en 1997), les agences de publicité ont dû s'adapter à la crise économique qui perdure. La recherche d'une plus grande productivité s'impose face à des annonceurs moins dispendieux (réduction des budgets, commissionnements sous les 15 % traditionnels) et qui prennent parfois en charge une partie des missions autrefois dévolues aux agences (la création, la sélection des supports). Plus exigeants, les annonceurs attendent de la publicité un retour immédiat sur investissement ; d'où des campagnes davantage centrées sur le produit et à moins grand spectacle que dans les années 80.

Les dix premiers groupes publicitaires en Europe (marge brute en millions de francs)

	Groupe	Pays	MF
Source : Advertising Age, 1994	Euro RSCG	F	3 290
	Publicis Communications	F/EU	2 310
	Mc Cann-Erickson Worldwide	EU	1 930
	Ogilvy and Mather Worldwide	GB	1 830
	Young & Rubicam	EU	1 820
	Grey Advertising	EU	1 670
	J. Walter Thompson Co	GB	1 660
	Lintas Wordwide	EU	1 610
	DDB Needham Worldwide	EU	1 590
	BBDO Worldwide	EU	1 570

■ De l'alimentation et des transports dépend la santé de la profession

Traditionnellement, l'alimentaire, les transports et la distribution représentent les premiers secteurs pour les investissements publicitaires, où se retrouvent logiquement les plus gros annonceurs. Des sociétés comme PSA, l'Oréal, Nestlé, Danone, investissent chaque année entre 1 et 2 milliards de francs en publicité.

Les dix premiers secteurs investisseurs plurimédia en 1997 (en parts de marché des investissements)

Alimentation	12 %
Distribution	11 %
Industrie du transport	11 %
Services	10 %
Toilette, beauté	8 %
Culture, loisirs	6 %
Édition	6 %
Information média	6 %
Voyage, tourisme	4 %
Boissons	3 %

Source : Sécodip

■ Les Français plébiscitent la publicité

Selon un sondage réalisé par Ipsos en 1995 sur le thème « Les Français, la publicité et la consommation », 63 % des interviewés pensent que la publicité constitue un excellent moyen pour faire vendre (81 % chez les 15-19 ans). Même s'ils trouvent que la publicité est plus violente (41 %) et plus vulgaire (44 %) qu'il y a dix ans, ils considèrent aussi qu'elle est plus esthétique (60 %) et fait preuve de plus d'humour (50 %) qu'autrefois. Suivant leur catégorie d'appartenance (âge, CSP), ils sont de 20 à 40 % à penser que la publicité joue un rôle décisif dans l'acte d'achat, notamment pour les jouets de Noël (41 %), les voitures (38 %) et les parfums (33 %). Pour autant, les Français demeurent opposés à la publicité par téléphone ou par télécopie (93 %) et aux coupures de films sur les chaînes du service public.

Attitude des Français face à la publicité

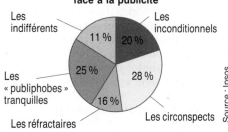

Les indifférents 11 % — 20 % Les inconditionnels — 28 % Les circonspects — 16 % Les réfractaires — 25 % Les « publiphobes » tranquilles

Source : Ipsos

FONDEMENTS

ANALYSE DE MARCHÉ

PRODUIT

DISTRIBUTION

PUBLICITÉ

COMMUNICATION

L'environnement réglementaire de la publicité

En France, la publicité est soumise à nombre de textes réglementant la forme et l'intention des messages, les secteurs interdits, la limitation de l'accès aux médias.

■ Le cadre légal général

Il résulte, pour l'essentiel, de l'application de la loi d'orientation du commerce et de l'artisanat du 27 décembre 1973, dite loi Royer, complétée par la loi du 10 janvier 1978. Ces textes visent à sanctionner toute forme de publicité mensongère, toute formulation ambiguë des messages pouvant induire les consommateurs en erreur, même si le caractère trompeur n'est pas intentionnel. Les peines peuvent aller jusqu'à deux ans de prison et l'amende représenter 50 % du budget de publicité.

■ La réglementation par secteurs et médias

□ Différents secteurs connaissent une interdiction partielle ou totale de publicité. Secteur de la santé : remèdes secrets, avortement, argumentation pour les produits diététiques ; secteur des boissons alcoolisées : interdiction de publicité à la télévision, au cinéma, dans les publications pour la jeunesse, sur les lieux de sport, interdiction de toute forme de message incitant à la consommation (ni slogan, ni accroche, ni mise en scène suggestive) ; secteur des tabacs : toute publicité et toute distribution d'échantillons sont interdites, néanmoins la publicité sur le point de vente est tolérée sous certaines conditions.

□ Par ailleurs, les médias font l'objet d'une réglementation précise : la télévision est interdite, entre autres, aux distributeurs, à la presse et à l'édition, à l'industrie du cinéma. La radio ne peut véhiculer de messages sur les boissons alcoolisées aux heures où les enfants peuvent être à l'écoute, etc. Les radios dépendant de Radio France ne peuvent diffuser des messages publicitaires de marques.

□ Bien qu'ils soient interdits de communication publicitaire classique à la télévision ou sur Radio France, certains types d'annonceurs, comme les distributeurs, peuvent cependant être présents en parrainant des émissions (bulletins météo, par exemple) sous la forme de courtes citations, sans arguments ni slogans.

■ La publicité comparative

Elle est autorisée depuis la loi du 18 janvier 1992, conçue pour aligner la position de la France sur celle des autres pays de l'Union européenne. Dans son esprit, elle vise à établir les principes d'une concurrence loyale : limitations des conflits entre annonceurs concurrents, obligation de comparer les prix pour des produits identiques vendus dans les mêmes conditions. Dans les faits, son application est totalement freinée par une clause de l'article 10 : « Avant toute diffusion, il [l'annonceur] communique l'annonce comparative aux professionnels visés, dans un délai au moins égal à celui exigé, selon le type de support retenu, pour l'annulation d'un ordre de publicité. » Cette clause enlève tout effet de surprise et toute puissance d'attaque à la publicité comparative, puisqu'il est possible au concurrent de répondre sur le même support au même moment !

LES LIMITES DE LA PUBLICITÉ COMPARATIVE

■ Le BVP, bureau de vérification de la publicité

Créé en 1935, le BVP est une association sans but lucratif qui œuvre en faveur d'une « publicité loyale, honnête et véridique ». Il regroupe plusieurs catégories d'adhérents : annonceurs, agences de publicité, supports et membres correspondants. En plus des professionnels, siègent à son conseil d'administration des représentants de l'Institut national de la consommation et du Conseil national du commerce. Le BVP remplit deux missions :
– une mission de conseil, qui prend la forme de publications, de recommandations sur des sujets variés (la publicité et les enfants) ou d'avis spécifiques à la demande des professionnels ;
– une mission de contrôle, à partir de sondages réalisés dans les différents supports et de réclamations en provenance des consommateurs ou des entreprises.
Un avis préalable du BVP est exigé avant tout passage d'une publicité sur une chaîne nationale.
Pour s'informer sur ses droits et devoirs en matière de publicité, pour des conseils et des recommandations, pour obtenir l'autorisation de passage sur une chaîne nationale, il est possible de contacter le BVP (5, rue Jean-Mermoz, 75008 Paris. Tél. : 01 43 59 89 45).

■ La nature de la comparaison

La publicité comparative est autorisée en France depuis le 18 janvier 1992. Cependant, des conditions de forme comme de fond doivent être scrupuleusement respectées.
La publicité ne peut porter que sur des produits ou services de nature identique (substituables) et disponibles sur le marché. La comparaison ne doit concerner que les caractéristiques « essentielles, significatives, pertinentes et véritables » du produit. La législation est encore plus restrictive lorsque la comparaison porte sur les prix : les produits ou services doivent être identiques et vendus dans les mêmes conditions.

■ Les éléments de la comparaison

La publicité comparative interdit l'utilisation abusive d'une marque qui pourrait déboucher sur un détournement de clientèle. Il faut que la comparaison soit « loyale, véridique, non trompeuse et objective lorsqu'elle porte sur la marque de fabrique, de commerce ou de service d'autrui, sa raison sociale, sa dénomination sociale, son nom commercial ou son enseigne ». Enfin, la comparaison, pour être objective, ne doit concerner que des éléments matériels.

■ Les règles de forme

Un certain nombre de supports sont interdits à la publicité comparative (emballage, facture, titre de transport, moyen de paiement, etc.). La publicité doit être communiquée suffisamment tôt (délai minimum exigé pour un ordre d'annulation de parution) pour pouvoir procéder, si nécessaire, à son retrait.

L'affaire
3 Suisses - La Redoute

Le retrait par les tribunaux, en août 1995, de la campagne publicitaire des 3 Suisses a fait sensation. Visant à comparer ses délais de livraison avec ceux de la Redoute, les propos n'étaient ni mensongers ni calomnieux ; cependant, les tribunaux ont considéré qu'elle était « déloyale » et « agressive ». Dans sa présentation, elle « donne de la SA 3 Suisses l'image résolument moderne et dynamique d'une société créant la révolution [...] par opposition à celle sereine et désuète de la SA La Redoute ».

FONDEMENTS

ANALYSE DE MARCHÉ

PRODUIT

DISTRIBUTION

PUBLICITÉ

COMMUNICATION

La publicité
sur le lieu de vente (PLV)

La PLV est un facteur dynamisant des ventes au moment de l'acte d'achat. Dans les banques, les pharmacies, les magasins d'alimentation, elle répond à des objectifs précis pour dynamiser les achats.

Les objectifs

□ La PLV peut être utilisée auprès de deux cibles : les distributeurs et les consommateurs.

□ Pour les distributeurs, elle incite à commander, à rendre plus efficace la mise en valeur des produits habituellement en rayon par un effet de masse et une mise en avant, elle cherche à améliorer les rotations de stocks.

□ Pour les consommateurs, la PLV est utilisée au premier achat, pour faire acheter et faire connaître la gamme. Elle est particulièrement adaptée au lancement de nouveaux produits.

Les différentes formes

Véritable action publicitaire sur le lieu de vente, la PLV se matérialise sous forme de présentoirs, d'habillage de rayon ou de comptoirs, de distributeurs de documentation, d'affichettes. Dans les grandes surfaces est apparu, ces dernières années, du matériel vidéo faisant la démonstration du produit en magasin.

Les facteurs de réussite

□ La PLV fait indéniablement vendre. Encore faut-il pouvoir la mettre en rayon ! Le premier facteur de réussite de la PLV est sa mise en place. Pour ce faire, il faut intégrer les contraintes des magasins ou lieux de vente et leurs objectifs pour s'intégrer parfaitement à leur demande. Une PLV ne peut pas être conçue pour aller indifféremment en vitrine, sur un comptoir et en rayon. Elle est étudiée pour être adaptée à un usage spécifique qui la met en valeur autant que le produit.

□ Le deuxième facteur de valorisation de la PLV est l'animation qu'elle apporte dans l'univers du point de vente, qu'il s'agisse de mettre en avant le produit ou, dans le cas d'un lancement, de le faire essayer ; la PLV apporte un élément spectaculaire qui attire le regard et renforce l'impact du produit. Il est prouvé que l'efficacité de la PLV augmente quand elle comporte les éléments visuels utilisés dans les campagnes médias.

Les contraintes

En dehors de la mise en place effective dans les lieux de vente, il est nécessaire de vérifier la rentabilité de telles opérations. L'analyse des résultats de vente par rapport aux ventes hebdomadaires habituelles est le critère généralement retenu. La marge dégagée par les ventes supplémentaires doit couvrir à peu près le coût de la PLV (et de l'animation, s'il y en a une). Les résultats ne sont pas toujours positifs au premier achat, mais il faut tenir compte des effets de rémanence. En effet, un client gagné au cours d'une opération d'animation peut générer plusieurs achats, et c'est sur les deux ou trois achats suivants que l'investissement sera amorti.

LE DERNIER MAILLON DE LA COMMUNICATION

■ Un support décisif

Le rôle de la PLV est primordial dans la vente. Elle pousse le produit vers le consommateur. Dernier maillon de communication entre le produit et le consommateur, sa présence peut être décisive dans l'acte d'achat. Dans 55 % des cas, le client se décide au dernier moment sur le lieu de vente même.

■ Un support qui monte

La moindre croissance actuelle des budgets de communication ne semble pas atteindre le domaine de la PLV. Le marché est animé par plus de 900 entreprises en Europe dont 250 en France. Représentant 5% des budgets en France contre 15 % aux USA, la marge de progression du support PLV reste encore importante. La multiplication des opérations marketing conjointes entre les producteurs et les distributeurs devrait permettre de combler rapidement le retard constaté et d'estomper leurs différences de point de vue sur le rôle de la PLV. En effet, traditionnellement pour la grande distribution, la PLV n'a pas lieu d'être dans le magasin si ce n'est pour diriger le consommateur vers un rayon (La grande surface est un lieu de vente et non un espace de communication).

La PLV face aux autres techniques de promotion

Objectifs	Primes	Ventes jumelées	Réduction prix	Concours	Jeux	PLV	Présentation produit	Loteries	Échantillons	Démonstrations	Essais gratuits	Publicité directe	Promotion prestige	Animations réseaux	Catégories visées
Stimuler la force de vente	x			x									x		
Redonner du punch				x	x									x	Force de vente
Inciter à prendre des commandes importantes	x		x												
Inciter à commander	x					x									
Fidéliser	x	x	x	x	x									x	
Obliger à essayer la gamme complète	x	x	x												
Rendre plus efficace				x		x	x			x		x		x	Distributeurs
Réduire le frein « prix »			x												
Développer la notoriété						x		x						x	
Améliorer la rotation des stocks				x		x	x								
Faire connaître les produits									x	x	x				
Sensibiliser à la marque						x		x							Prescripteurs
Obtenir l'adhésion	x			x		x		x						x	
Faire essayer le produit				x					x	x	x				
Faire acheter (1er achat)	x	x	x			x									
Fidéliser	x			x	x			x							Consom- mateurs
Faire connaître la gamme		x				x									
Dynamiser la marque				x	x			x							
Toucher une clientèle précise												x			
Réduire le frein « prix »			x												

Source : G. Biolley et M. Cohen, *Traité pratique de la promotion des ventes*, Dunod

FONDEMENTS

ANALYSE DE MARCHÉ

PRODUIT

DISTRIBUTION

PUBLICITÉ

COMMUNICATION

La promotion des ventes

La promotion des ventes regroupe l'ensemble des actions de marketing ponctuelles et ciblées qui visent à créer de nouveaux comportements afin d'augmenter le volume des ventes d'un produit. Elle nécessite une définition des objectifs avant de définir les moyens et les techniques de réalisation à mettre en œuvre.

▄▄▄▄ Le choix des cibles

Les actions promotionnelles peuvent être mises en œuvre à tous les niveaux de vente du produit. Il est donc utile d'identifier les différentes cibles, de définir les objectifs et de choisir la ou les cibles prioritaires. Il existe quatre types de cible : la force de vente de l'entreprise, les intermédiaires (centrales, groupements, courtiers, grossistes, etc.), le point de vente, le consommateur final.

▄▄▄▄ La définition des objectifs

Toute action promotionnelle correspond à un objectif comportemental :

Cible	Objectifs
Consommateur	Faire essayer, faire acheter, fidéliser, augmenter la consommation
Point de vente	Faire venir, augmenter la fréquence de visite, augmenter la qualité et le montant de l'achat
Grande distribution	Faire accepter un référencement par la centrale d'achat, gagner en visibilité dans les points de vente du distributeur, augmenter les stocks
Prescripteur	Susciter la prescription, augmenter le niveau de la prescription

▄▄▄▄ Les principaux moyens et les mécanismes promotionnels

☐ On peut les regrouper suivant quatre grandes catégories : les primes et les cadeaux ; les échantillons et offres d'essai gratuit ; les réductions de prix soit par une baisse du prix soit par une quantité de produit en plus pour le même prix ; les loteries, les jeux et les concours.

☐ Il existe de très nombreux mécanismes, portant chacun un nom bien précis (sweepstake, couponing, offre de remboursement différé).

Nature de l'avantage	Immédiat		Différé	
	Donner plus	**Demander moins**	**Donner plus**	**Demander moins**
Avantage certain	Prime Emballage réutilisable Quantité en plus Échantillon	Coupon Baisse de prix Reprise Vente à prix coûtant	Prime différée	Coupon sur prochain achat Crédit gratuit Remise différée
Avantage incertain	Jeux et loteries à résultat immédiat		Jeux et loteries à résultat différé Concours	

LE DERNIER CRI DE LA PROMOTION

■ La technique du couponing revient en force

Les coupons de réduction immédiate (CRI), fabriqués à plus de 4 milliards d'unités, connaissent un franc succès et prennent des parts de marché aux offres de remboursement différé (ODR), plus classiques. Les offres promotionnelles qui utilisent la technique du CRI associent fréquemment plusieurs marques regroupées sur une même page de magazine ou utilisent la forme de livrets distribués en mailing non adressé.

■ Vers de véritables magazines d'offres promotionnelles

Face à l'attrait suscité par le CRI auprès des fabricants de produits de grande consommation, des sociétés de services spécialisées dans la promotion (Sogec, Valassis France, Syracuse, etc.) étendent progressivement leur offre. Ils proposent désormais de véritables journaux où sont réunies les offres promotionnelles non directement concurrentielles d'une vingtaine de fabricants. Cette formule permet de vendre en complément, sous forme d'encarts (1/4 de page, 1/2 page, page), des espaces publicitaires pour développer l'offre produit.

■ Les avantages du CRI

– Un coût plus faible que l'ODR : le regroupement de plusieurs annonceurs permet de présenter des coupons de moins forte valeur (2,50 F en moyenne contre 5 F pour l'ODR) sans nuire à l'impact de la promotion. Leur coût de traitement est aussi trois fois plus faible (70 centimes environ).

– Un nombre élevé de contacts : la société Sogec prévoit de distribuer son livret à plus de 6 millions de foyers répartis dans des zones de chalandise à forte densité et proches des GMS (où pourront être trouvés les produits promus), soit environ 16,5 millions de personnes.

– Des taux de remontée importants : en moyenne, le taux pour un CRI est de 2 %, auquel il convient d'ajouter la possibilité d'exploiter les coordonnées laissées sur le coupon par le tiers des utilisateurs.

> 1 000 000 de foyers touchés avec le CRI
> = 20 000 retours = 6 000 adresses

5f de réduction

A valoir sur l'achat d'un paquet de 250g ou de 2 x 250g de Velours Noir. Sur présentation de ce bon à la caisse, votre magasin vous fera la réduction correspondante.

Offre valable en France Métropolitaine jusqu'au 31/10/96.

>0387010600<

Velours NOIR

FONDEMENTS

ANALYSE DE MARCHÉ

PRODUIT

DISTRIBUTION

PUBLICITÉ

COMMUNICATION

Les campagnes de promotion des ventes

Qu'il s'agisse des promotions des industriels et des distributeurs ou d'actions d'envergure modeste, toute campagne de promotion s'appuie sur des supports de communication adaptés à la cible.

Les vecteurs des promotions

Une promotion n'est efficace que dans la mesure où elle est communiquée. Les vecteurs des promotions sont utilisés pour les annoncer. Ce sont, d'une part, tous les supports qui sont regroupés sous l'appellation habituelle de *mass media* et, d'autre part, tous les autres supports disponibles, appelés « hors média » et qui peuvent être répartis en trois grandes catégories :
– l'environnement du produit : le produit (porteur d'un bon ou d'une prime), un élément rapporté au produit, à proximité immédiate du produit, un produit proche ou complémentaire ou ayant la même clientèle ;
– l'environnement du point de vente : un lieu privilégié occupé par le produit ou proche (vitrine, tête de gondole), un support de communication proche du produit (vidéo, sonorisation, parking, PLV), les personnels de vente et d'animation ;
– les petits médias touchant l'individu à domicile : imprimés dans la boîte aux lettres, courrier personnalisé, téléphone, Minitel, catalogues et colis des vépécistes.

L'équilibre entre dotation et communication

☐ À la différence des campagnes de publicité, pour lesquelles tout est investi en communication, les actions de promotion entraînent deux types de dépenses :
– celles qui ont trait à la communication : création, conception et réalisation des messages, et achat de l'espace dans les supports selon les cas ;
– celles qui ont trait aux dotations : cadeaux, primes, budgétisation des remontées des bons de réduction, des rabais consentis, mais aussi frais de gestion des bons, frais de gestion et d'expédition des cadeaux, frais d'huissier, de dépouillement de concours, de réunions de jury, etc.
☐ À chaque grand type de mécanisme correspond un arbitrage dotation/communication particulier ; les actions à avantage immédiat et certain (primes, réductions immédiates) sont plus coûteuses en dotation qu'en communication ; les jeux, concours, et en général les actions à avantage différé et incertain, nécessitent un fort soutien de communication. Les mécanismes basés sur des avantages différés et certains, comme les collections de points en vue d'obtenir des cadeaux, se situent dans une zone intermédiaire, avec des budgets de communication voisins du montant des dotations.

Les critères d'efficacité de la communication promotionnelle

Le message promotionnel doit être clair et bref. La visibilité ou la visualisation des dotations doit être immédiate, les conditions d'obtention des avantages très clairement indiquées. L'efficacité du plan de communication repose plus sur l'optimisation de la couverture (ou pourcentage de la cible exposé à la communication) que sur une répétition des messages, très vite lassante.

QUAND LES PROMOTIONS FONT DES « BOND »

■ James s'empare du Continent

Souhaitant assurer la promotion de ses magasins au moment des fêtes de Noël 1995, le groupe d'hypermarchés Continent s'est appuyé sur la sortie du dernier James Bond, *Goldeneye*, pour monter sa campagne de fin d'année. Cet événement de portée nationale, largement médiatisé et qui rencontre l'adhésion d'un large public, constituait un excellent support promotionnel. L'image du héros de Ian Fleming a permis d'illustrer les PLV, d'imaginer des mises en scène pour la réalisation de grandes affiches et d'animer les points de vente à partir des bandes annonces du film. Pour attirer la clientèle, un « corner » présenté comme un bar à l'enseigne Martini (où l'on pouvait déguster un cocktail dénommé « Au service de Sa Majesté ») permettait d'acquérir les vidéos et les bandes musicales des différents James Bond. Cette animation interne fut couplée avec une campagne d'affichage, un film Continent 007 pour les salles de cinéma et une diffusion radio.

■ Toujours plus de « Bond »

Dans la foulée de Continent, deux marques on relayé l'opération à partir de leurs produits. Perrier proposait ainsi une bouteille à l'effigie de James Bond qui permettait de gagner par concours des cassettes vidéo et des places pour l'avant-première du film. Woolmark, dans le cadre de sa propre campagne sur le thème de l'aventure et du cinéma, invita 200 personnes pour une séance privée. Plus largement, les producteurs du film profitèrent de l'image du héros pour mettre en place un 3615 James Bond (information sur le tournage, boutique, élection de la Bond's girl préférée).

■ Des promotions qui en coûtent

Lorsqu'un annonceur effectue une promotion dans une chaîne d'hypermarchés, le coût moyen de l'opération peut être évalué entre 200 000 et 305 000 euros. Elle inclut un nombre minimum de 500 points de vente et de deux journées terrain. À ce montant il faut rajouter éventuellement le prix de la tête de gondole et les remises déjà effectuées sur le produit.

Type de promotion	Coût estimé/jour
un animateur	entre 140 et 200 €
Bons de réduction (200 minimum)	entre 75 et 105 €
Dégustation de produit	de 30 à 45 €
Cadeaux	de 30 à 75 €
Soit pour 1 journée entre 200 et 300 €	

Le consommateur en redemande

Une étude, menée par l'Institut français du merchandising en 1995, montre que les consommateurs ont parfaitement intégré les mécanismes des offres promotionnelles, qu'ils considèrent comme légitimes et non dévalorisantes pour les produits. Face à une promotion, 33 % des consommateurs « craquent » systématiquement, 61 % se laissent tenter régulièrement alors que 6 % seulement y sont opposés. Au-delà des raisons économiques, la promotion permet de découvrir de nouveaux produits ou tout simplement de se faire plaisir.
Parents et enfants réagissent de manière différenciée à la forme de l'offre. Si les premiers sont d'abord attirés par les réductions de prix ou les quantités en plus, les seconds sont principalement sensibles aux cadeaux et aux collections.

FONDEMENTS
ANALYSE DE MARCHÉ
PRODUIT
DISTRIBUTION
PUBLICITÉ
COMMUNICATION

Le cadre juridique de la promotion des ventes

La communication des promotions obéit aux règles générales de la communication publicitaire. En outre, les mécanismes connaissent un encadrement juridique rigoureux.

Un cadre évolutif et complexe

Le cadre juridique des promotions est strict. Il a pour but de protéger les consommateurs contre les abus, les fabricants contre la concurrence déloyale. Bien que, sur le fond, la complexité des dispositifs n'ait pas changé, la loi du 26 juillet 1993 relative au Code de la consommation apporte au moins un regroupement pertinent et une classification plus claire : les articles L121-1 à L121-15 réglementent la publicité, L121-16 à 18 la vente à distance et le téléachat, L121-35 et 36 les ventes avec primes et loteries, L311-4 et L312-4 à 6 la publicité relative au crédit à la consommation et au crédit immobilier. Sauf pratique régulière, il est fortement conseillé de recourir à l'avis d'un spécialiste de la question avant de courir le risque d'une condamnation.

Les loteries et les concours

☐ Les loteries sont interdites depuis 1836. Dans la pratique, elles sont tolérées, dans la mesure où elles n'imposent aucune forme d'obligation d'achat ou de débours. En 1993 sont apparues cependant les premières loteries portées par des emballages : ces actions ne sont possibles que s'il existe également un canal de participation totalement gratuit.

☐ Pour les véritables concours, qui demandent effort, créativité, talent, perspicacité, la notion de hasard, caractéristique de la loterie, n'existe plus, et l'obligation d'achat est parfaitement admise. Il existe un emploi abusif de l'appellation concours pour des « jeux-concours » chez les vépécistes, ce sont en fait de simples loteries.

Les baisses de prix

Les baisses de prix sont actuellement libres pour le producteur du produit ou du service, à quelques exceptions près : le livre (la loi Lang n'autorise qu'une remise de 5 %), les médicaments. En revanche, la législation française interdit la revente à perte ainsi que les baisses de prix fictives par rapport à un prix antérieurement inexistant. Cela vise l'activité de négoce et de distribution.

Les primes

Les primes sont les menus objets offerts en cadeau d'accompagnement d'un achat principal : par exemple, les célèbres cadeaux Bonux, les images dans les tablettes de chocolat, etc. Depuis l'ordonnance Balladur du 1er décembre 1986, la prime est limitée en valeur à 7 % du prix de vente du produit permettant de l'acquérir, si le prix de ce produit est inférieur à 500 F. Dans ce cas, la valeur maximale de la prime est de 35 F. À partir de 500 F, la valeur se calcule selon la règle suivante : 30 F + 1 % du prix du produit. La valeur maximale de la prime ne saurait excéder 350 F. Cet encadrement de la prime ne s'applique qu'au cas de la vente au consommateur final.

LES ASTUCES DE LA PROMOTION

■ Une créativité sous surveillance

La réglementation plutôt stricte encadrant les opérations promotionnelles peut être déjouée. Les astuces trouvées par les créatifs de la promotion en témoignent. Les moyens utilisés sont parfaitement licites. Ils résultent simplement des zones d'ombre de la législation et ne doivent pas être confondus avec certaines opérations qui, sciemment, visent à abuser les consommateurs. Poussés par les associations de consommateurs, ces derniers sont d'ailleurs de plus en plus nombreux à porter plainte. Les amendes de 10 à 20 000 F par infraction constatée sur les opérations avec primes peuvent atteindre, voire dépasser le montant du gros lot (plusieurs centaines de milliers de francs) pour des loteries ou des concours dont la présentation serait jugée malhonnête.

■ Une prime qui ne dit pas son nom

Pour échapper à la règle des 7 % et ainsi pouvoir associer une prime importante à un produit de faible valeur, les professionnels utilisent quatre grands types de moyens :

– Pour l'opération, la marque s'associe avec le point de vente, et c'est alors le total des achats effectué dans le magasin (un minimum sera exigé) qui sert de référence pour le calcul de la prime.

– Il n'y a pas de limite à la prime lorsque celle-ci est de même nature que le produit ou le service sur lequel elle s'adosse. Les opérations trois pour le prix de deux ou les produits « girafes », du style 30 % de produit en plus, relèvent de ce cas.

– Il est possible de fournir avec le produit un article jugé indispensable pour une utilisation normale de celui-ci. On peut ainsi offrir des filtres à cafés lors de l'achat d'une cafetière ou un matelas pour l'achat d'un sommier (mais pas l'inverse).

– Les prestations de service complémentaires à l'offre produit ne rentrent pas dans le cadre réglementé de la prime (service après-vente, vérification des niveaux sur une voiture, facilités de stationnement offertes par les commerçants, etc.).

■ Baisser les prix en échappant à la législation sur les annonces de rabais

Toute annonce de rabais est strictement encadrée. Pour échapper aux différentes obligations (précision du montant de la réduction par rapport à un prix de référence, durée, etc.) et ne pas se retrancher derrière une rupture de stock pour ne pas délivrer le produit aux conditions prévues (totalement illégal), il peut être plus simple de réserver l'offre promotionnelle à certaines catégories de clients. Ainsi, l'attribution d'une réduction sur l'achat d'un micro-ordinateur contre la reprise d'un vieux matériel ou les offres exclusives à destination des membres d'un club échappent à la législation (le principe général de la revente à perte demeure interdit).

■ Forcer la décision d'achat par des ventes jumelées

Avec ce système, le prix d'un lot sera inférieur au total des prix des produits le constituant (formule combinant un repas et une place de cinéma dans les restaurants de la chaîne Hippopotamus). Toutefois, pour rester dans le cadre de la légalité, les produits doivent pouvoir être achetés séparément, la valeur d'un des produits associés ne doit pas être inférieure au montant de la réduction et aucun des produits ne doit être revendu à perte.

FONDEMENTS

ANALYSE DE MARCHÉ

PRODUIT

DISTRIBUTION

PUBLICITÉ

COMMUNICATION

L'animation du terrain

Les actions de promotion ou de publicité sur le lieu de vente font souvent appel à des équipes spécialisées chargées de la mise en œuvre ; leurs missions relèvent de l'animation du terrain. Leur objectif est de stimuler les ventes, d'accroître le chiffre d'affaires et de consolider les parts de marché dans le point de vente.

Les principaux moyens d'action et leurs objectifs

☐ Tantôt employés de façon ponctuelle pour accompagner un événement commercial exceptionnel, tantôt mis en place de façon régulière pour compléter les structures de vente, les personnels d'animation du terrain sont utilisés par la plupart des entreprises ; leurs missions se répartissent en quatre types principaux.

☐ Les forces supplémentaires de vente : lorsqu'une entreprise décide de s'engager dans une action exceptionnelle – lancer ou relancer un produit, investir un nouveau circuit – et cherche à obtenir très rapidement une mise en place dans un maximum de points de vente, elle recourt à des vendeurs temporaires spécialisés, recrutés pour une durée limitée et un objectif précis.

☐ Les visiteurs-mystère : il est fait appel à ce type d'animation pour stimuler un réseau de distribution ; les visiteurs ou clients-mystère vont sur le terrain incognito pour vérifier que la PLV confiée aux revendeurs est bien en place, que les produits sont présents et bien visibles, que les arguments de vente sont appropriés ; lorsque ces critères sont respectés, le responsable du point de vente reçoit, en général, un cadeau.

☐ La pose et l'entretien de la PLV : certains produits, tels les cigarettes et les jeux vendus dans les bureaux de tabac ou les produits de beauté vendus en pharmacie, nécessitent un important soutien de PLV, que les détaillants n'ont ni le temps ni la volonté de mettre en place ; cette mission est confiée à des équipes d'animation spécialisées dans ce travail de pose et d'entretien.

☐ Les démonstrateurs : lorsqu'il y a lieu de faire déguster un nouveau produit alimentaire, de distribuer des échantillons ou des bons de réduction, d'animer une tête de gondole en hypermarché pour accélérer les rotations, les entreprises font appel à des animateurs et animatrices recrutés selon des critères précis. L'effet accélérateur des ventes peut être très important : sur certains produits, une animation-vente en fin de semaine peut générer dix fois le volume hebdomadaire moyen.

Les conditions du succès

☐ Le succès de l'animation dépend autant de la qualité de l'organisation que du facteur humain. La définition des objectifs, la conception des opérations et leur suivi demandent expérience et vigilance. Le recrutement adéquat, la formation et la motivation du personnel de terrain sont absolument déterminants. C'est la raison pour laquelle la plupart des opérations de ce type sont confiées à des sociétés spécialisées, disposant d'un volant important de personnel diversifié et capables d'assurer un compte-rendu du déroulement de l'action jour par jour.

☐ Les résultats des actions d'animation du terrain s'évaluent par rapport à des objectifs quantitatifs et qualitatifs ; ici comme dans les autres secteurs du marketing opérationnel, il est judicieux de faire, en fin d'opération, un bilan rigoureux qui servira à améliorer les performances des actions suivantes.

UN VENDEUR ÉMÉRITE

■ Du dynamisme à revendre

Bien informé sur le coût et la valeur des produits, prudent dans ses dépenses, souvent blasé, le consommateur actuel n'a plus rien à voir avec le « gogo » d'autrefois, qu'un beau discours suffisait à convaincre. Confronté à un ou plusieurs consommateurs à la fois, l'animateur (vendeur) terrain doit faire preuve d'une grande créativité pour attirer le chaland. Il doit, par ses capacités physiques (debout la plus grande partie de la journée) et intellectuelles (charisme, gestuelle, contenu du discours), recréer autour de lui une atmosphère qui fait défaut et dont bénéficie en temps normal le vendeur traditionnel installé dans un décor fait pour vendre.

■ Employer les mots justes

Le vendeur dispose de peu de temps pour, à la fois, attirer le client, le persuader et finalement conclure une vente. Les premières phrases d'accroche sont essentielles. Attractives et conviviales, elles permettront de conserver une écoute attentive jusqu'à la fin du déroulement de l'argumentaire. Face à un auditoire passif, un monologue construit autour de mots chocs et de métaphores choisies cherche à frapper le consommateur pour le pousser à acheter. Si le dialogue s'instaure, l'animateur laisse alors le client s'exprimer pour mieux ajuster les avantages du produit à ses attentes.

■ Connaître son produit

Même doué, le vendeur terrain doit parfaitement connaître le produit et la société qui l'emploie. Pour s'identifier à l'entreprise, trouver les mots justes, mettre son argumentaire au point, une formation de plusieurs semaines, voire de plusieurs mois, est souvent nécessaire.

■ Rester maître de soi

Sur le terrain, l'animateur se retrouve confronté à trois types de population : celle qui essaye de le déstabiliser par des questions déplacées, celle qui pose des questions trop pertinentes et celle qui voudrait mais n'ose pas céder à la tentation.
Le vendeur doit toujours rester maître de la situation, faire preuve de patience, décourager certains par l'humour ou la dérision, mais surtout toujours faire en sorte que le client trouve de lui-même les solutions aux questions qu'il se pose. Il n'en sera alors que plus convaincu.

Cinq méthodes de persuasion pour convaincre

1. Jouer au spécialiste : le client est mis en confiance par le vendeur qui maîtrise ses problèmes et ses besoins.
2. Opter pour une attitude très professionnelle : par son discours parfait, le vendeur va obtenir une relation du type dominant/dominé dans laquelle le client se sentira obligé d'acheter.
3. Se montrer solidaire : en toute occasion, le vendeur montre qu'il partage les préoccupations et les opinions de son client.
4. Fonder son discours sur la notoriété : le vendeur s'appuie sur la bonne image de marque du fabricant et de ses produits pour convaincre le client.
5. Offrir une surprise : le vendeur « offre » un petit plus par rapport à ce qui est annoncé dans la promotion.

FONDEMENTS

ANALYSE DE MARCHÉ

PRODUIT

DISTRIBUTION

PUBLICITÉ

COMMUNICATION

Le marketing direct

En dix ans, le marketing direct a connu un développement fou-
droyant. Conçu pour toucher directement et individuellement
les prospects, il est utilisé par des entreprises de toute taille dans
tous les secteurs. Il vise à instituer une relation de longue durée
entre l'entreprise et son client.

Les différentes facettes du marketing direct

Le point commun à toutes les activités de marketing direct est le fait de s'adresser
individuellement aux prospects et aux clients. À l'origine du marketing direct, on
trouve aussi bien la distribution de coupons dans les boîtes aux lettres que la diffusion postale en France des catalogues d'industries du textile, tels ceux de La
Redoute et des 3 Suisses. C'est le double aspect du marketing direct, qui est tantôt
mode de communication et de diffusion d'offres commerciales et de promotions,
tantôt véritable canal de vente. On rattache au marketing direct, par extension, les
offres de vente proposées dans la presse. Celles-ci permettent, en effet, de constituer des fichiers qui deviennent de véritables outils du marketing direct.

Les objectifs du marketing direct

☐ La démarche du marketing direct s'inscrit dans un développement à moyen et
long termes qui vise à faire progresser la relation entre l'entreprise et son client
tout au long d'une chaîne qui cherche à transformer les « suspects » en prospects,
les prospects en clients, les clients en clients fidèles, les clients fidèles en ambassadeurs.
☐ Les objectifs du marketing direct sont en priorité des objectifs d'action sur le
comportement qui peuvent être, selon les cas, la conquête, la fidélisation ou le
recrutement *via* le parrainage.

Les caractéristiques du marketing direct

Bien qu'aujourd'hui le marketing direct touche tous les secteurs de produits :
banque, assurance, gastronomie, loisirs, textile, produits de beauté, et toutes les
cibles : individus, entreprises, collectivités et administrations, la démarche s'appuie
sur un nombre restreint de principes simples et universels :
– le discours du marketing direct est personnalisé, chaque client doit se sentir
unique et doit être traité comme un client unique ;
– la constitution et l'entretien d'un fichier ou d'une base de données sont primor-
diaux ; c'est la seule façon d'assurer un développement à long terme, fondé sur
l'observation et la prise en compte des comportements ;
– toute opération peut être analysée au niveau des résultats ; cela permet un suivi
précis du rendement des offres commerciales et des styles de communication.

Les contraintes juridiques

La législation relative à la publicité et à la promotion des ventes s'applique aussi
au marketing direct. De plus, il existe une réglementation spécifique très rigoureuse.
Elle concerne l'exploitation des fichiers (Informatique et Libertés), les loteries et la
vente directe. Les conseils d'un juriste sont recommandés.

LE « DIRECT » DU DROIT

■ La Cnil protège le consommateur

Le respect et la protection de la vie privée font partie des droits fondamentaux de l'individu. La Commission nationale informatique et libertés (Cnil), née de la loi Informatique et Libertés du 6 janvier 1978, se charge de faire respecter ce principe pour tout ce qui relève de l'utilisation des fichiers informatiques.

Selon l'article 1 de la loi, « l'informatique doit être au service de chaque citoyen. Elle ne doit porter atteinte ni à l'identité humaine, ni aux droits de l'homme, ni à la vie privée, ni aux libertés individuelles ou publiques ».

La loi interdit, en particulier, l'utilisation de « moyens frauduleux, illicites ou déloyaux » pour récupérer des informations et impose « l'accord express de l'individu » pour l'obtention de données sensibles (la race, l'appartenance politique ou syndicale, les conceptions philosophiques, les mœurs). Un projet de directive européenne va encore plus loin. Il suggère de demander l'accord préalable de la personne avant tout envoi d'informations par fax ou automate d'appel. Par ailleurs, un code de déontologie, élaboré en décembre 1993 par la Cnil et l'Union française de marketing direct (UFMD), précise le contexte dans lequel doivent s'opérer les opérations de marketing direct.

■ Le principe de la déclaration

Tout nouveau fichier accompagné d'un descriptif de l'utilisation prévue doit être déclaré auprès de la Cnil, de même que toute modification (les ajouts d'informations qualitatives, en particulier) ou cession doit être enregistrée. Au-delà, le respect du code de déontologie s'impose aux sociétés de marketing direct. Même si le rôle de la Cnil est plus d'informer que de condamner, les textes prévoient de fortes peines pour les contrevenants : une amende maximum de 2 millions de francs et une peine de prison pouvant aller jusqu'à cinq ans pour des informations illicitement récupérées ou pour une utilisation détournée de fichier (300 000 francs pour le traitement informatisé d'un fichier non déclaré). L'entreprise louant un fichier doit tout autant respecter ces règles et, surtout, pour la bonne rentabilité de l'opération projetée, vérifier la qualité des informations contenues dans le fichier (taux de NPAI [N'habite pas à l'adresse indiquée]).

■ Pour se faire oublier des fichiers

Toute personne qui souhaite échapper à l'emprise du marketing direct dispose de trois moyens. La liste Robinson (ou Stop publicité) de l'UFMD ou la liste Orange de France Télécom, d'une part, pour ne plus recevoir dans sa boîte aux lettres de prospectus en tous genres ; la liste Safran, également gérée par France Télécom, d'autre part, pour mettre fin aux messages publicitaires adressés par telex ou télécopie.

Plus spécifiquement, chacun de nous a un droit de regard sur l'information le concernant et peut se la faire communiquer sur simple demande, se faire radier d'une liste ou refuser que son nom soit diffusé et serve à alimenter d'autres bases de données. En cas de litige grave, le dépôt d'une plainte auprès de la Cnil (21, rue Saint-Guillaume 75007 Paris. Tél. : 01 53 73 22 22) demeure possible.

FONDEMENTS
ANALYSE DE MARCHÉ
PRODUIT
DISTRIBUTION
PUBLICITÉ
COMMUNICATION

Les clés de l'efficacité du marketing direct

Qu'il s'agisse de réaliser une prospection ou de fidéliser une clientèle, le marketing direct est une technique de vente dont les résultats prouvent l'efficacité.

■■■■ Choisir le vecteur de communication

□ Les vecteurs de communication du marketing direct sont essentiellement le courrier, le téléphone et le fax. Les cibles peuvent être très variées : entreprises, individus, collectivités locales, etc.
□ Pour atteindre une pleine efficacité, les spécialistes du marketing direct utilisent les techniques basiques d'un plan de vente : attirer l'*a*ttention, éveiller l'*i*ntérêt, susciter le *d*ésir, inciter à *a*gir *(aida)*.

■■■■ Attirer l'attention

□ Le destin d'un courrier se scelle en moins de vingt secondes. L'accroche visuelle et l'accroche texte sont primordiales. Dans la grande majorité des cas, un dessin ou une photo accroche mieux qu'un texte. L'accroche visuelle précède l'accroche texte. Elle est relative au principal avantage client.
□ L'accroche texte est cinq fois plus lue que le corps du texte. Elle est souvent accrocheuse, mais pas gratuitement. Elle est rendue vivante par l'emploi de verbes et d'impératifs. Elle est compréhensible au premier coup d'œil.

■■■■ Éveiller l'intérêt

□ Manifester de l'intérêt pour la personne contactée, c'est humaniser le propos, montrer à l'interlocuteur qu'il existe. C'est lui faire savoir qu'un être humain a pris spécialement la plume pour s'intéresser à ses problèmes. Il va donc être valorisé. La lettre est personnalisée, la présentation est impeccable, les phrases sont personnelles, le ton est convivial, humain, chaleureux, honnête, sympathique.
□ Le texte est clair. Les phrases sont courtes, les mots aussi, le jargon est évité. Un enfant de douze ans doit pouvoir lire un texte s'adressant à tous les publics.

■■■■ Susciter le désir

Un courrier coûte cher, chaque courrier est une opportunité commerciale et non une procédure administrative. Il vaut mieux éviter un développement inintéressant des caractéristiques techniques, et il faut surtout parler des bénéfices pour le client. Les arguments sont visualisés par des schémas ou des illustrations ; les preuves et les témoignages sont souvent utilisés. Le marketing direct est concret, précis, complet et honnête.

■■■■ Inciter à agir

Inciter à faire vite, détailler un mode opératoire simple que tout lecteur comprendra en indiquant les étapes futures liées à la démarche, telles sont les règles du marketing direct. Tous les moyens possibles sont utilisés pour faciliter l'acte de réponse ainsi que la mesure des taux de réponses.

POUR UN MAILING CONVAINCANT

Résumez le message sous forme d'accroche
Il s'agit de susciter l'intérêt du lecteur et de l'inciter à poursuivre la lecture.

Mettez en exergue le cœur de l'offre
En utilisant des caractères différents (style, taille, épaisseur), en encadrant ou en surlignant au besoin à la main une partie du texte.

Développez un message et un seul
Pour la clarté de l'offre, la concision, pour une annonce plus percutante et parfaitement ciblée.

Mettez-vous à la place du client type
En le valorisant, en lui prêtant des propos dans lesquels il se reconnaîtra parfaitement. Montrer qu'il n'a pas été choisi au hasard, qu'il est un client privilégié.

DAMART
DIRECTION DE LA CLIENTÈLE

Numéro de client Code
255 317 393   68512   JP

MME DUPONT MARCELLE

Pour une meilleure distribution de vos catalogues et colis, corrigez votre adresse
si elle est incomplète ou inexacte (indiquez en toutes lettres votre prénom).

Dédié aux rêves d'élégance de 10.000 clientes Damart, un pull raffiné symbole de l'Élégance française

Chère MADAME DUPONT,

Oui, vous avez bien lu, DAMART FERA BEL ET BIEN 10.000 CLIENTES PRIVILEGIEES !

10.000 clientes qui se verront remettre SANS OBLIGATION D'ACHAT le superbe pull-tunique "Affinités" dessiné dans la pure tradition des Grands Classiques de l'Elégance Française.

Inutile de vous préciser qu'il s'agit-là d'une grande première : 10.000 exemplaires d'un pull de cette qualité et de cette valeur, distribués avec ou sans achat, c'est du "jamais vu" chez Damart !

Et je me félicite, je vous l'avoue, que vous soyez conviée à participer à cette opération absolument exceptionnelle. Sachant votre goût pour l'élégance vraie, celle qui se situe au delà des modes et se reconnaît d'emblée, j'espère que vous serez au nombre des heureuses bénéficiaires qui seront tirées au sort.

Mais n'anticipons pas... Pour l'heure MADAME DUPONT, l'important est que vous retourniez, après l'avoir dûment complétée, la partie concernant cette opération qui figure au dos. C'est en effet une condition indispensable pour me permettre, le cas échéant, de vous faire parvenir votre pull "Affinités".

Rendez-vous vite dans votre Magasin-Conseil !

Cordialement,

M. Chaumont

M.CHAUMONT
Directeur de la Clientèle

255 317 393   68512

Mettez-vous à la place du client type

Aidez le client à passer à l'acte
En lui résumant ce qu'il a à faire, en le faisant agir rapidement (par une date limite, un cadeau supplémentaire), maximisant ainsi le taux des remontées.

Personnalisez
Le prospect se sent plus directement concerné. Il se sent valorisé. Si nécessaire, le nom pourra être répété au sein du texte.

N'oubliez pas de signer
La signature personnalise le courrier. Elle rassure le lecteur. Avec la fonction, on sait à qui on a à faire. Enfin, le changement de couleur fait penser que le responsable a lui-même signé et adressé le courrier.

FONDEMENTS
ANALYSE DE MARCHÉ
PRODUIT
DISTRIBUTION
PUBLICITÉ
COMMUNICATION

Les fichiers et les bases de données

Fichiers et bases de données sont essentiels au marketing direct. Leur objectif est de préciser qui achète, ce qui est acheté, la fréquence, les moyens, les montants, etc.

■■■■ Le développement

☐ Le fichier contient des informations générales (nom, adresse, numéro de téléphone, de fax, code NAF, personne à contacter, numéro client ou prospect, etc.), des informations spécifiques au client ou prospect (date de naissance, situation familiale, situation professionnelle, niveau d'équipement, besoins exprimés, etc.) ainsi que des informations de comportement d'achat (historique des achats, montants, types d'achat, fréquence, etc.).

☐ Une base de données permet de relier plusieurs fichiers et de suivre ainsi le marché, de mesurer et prévoir son évolution et de créer certaines segmentations.

☐ L'entreprise ou la société de service possède plusieurs sources pour constituer son fichier : les sources internes (facturation, force de vente, opérations de promotion, foires, salons, parrainage, courrier consommateurs, etc.) et des sources externes (achats de fichiers auprès d'autres sociétés pratiquant le marketing direct, Insee, sociétés spécialisées, annuaires d'anciens élèves, etc.). L'achat de fichiers à l'extérieur nécessite de vérifier l'adéquation à la cible visée ainsi que les niveaux de qualité (vérification et validation récentes).

■■■■ L'utilisation

☐ Une base de données permet de sélectionner des cibles. Aux critères d'adéquation du produit aux préoccupations ou attentes des individus, on ajoute trois critères de performance en marketing direct : la récence, la fréquence, le montant (RFM). La formule repose sur un système de points. Les points de récence sont attribués aux achats effectués sur les quatre dernières périodes (le trimestre, par exemple) ; plus l'achat est récent, plus le nombre de points accordé est élevé. Les points de fréquence tiennent compte du nombre d'achats effectués sur une période longue (l'année, par exemple). Les points de montant sont fonction de la valeur des achats. La somme des points acquis par cette méthode permet de qualifier les clients ou prospects (« chauds », « tièdes », « froids », par exemple).

☐ La gestion d'une base de données est permanente. Les informations doivent être remises à jour régulièrement, en temps réel quand l'outil informatique le permet. Un fichier peut être enrichi de données extérieures, telles des données socio-économiques, ou d'outils statistiques permettant de mieux segmenter les populations selon des critères de comportement, face à un type de promotion, par exemple.

☐ Enfin, des tests, notamment pour des actions promotionnelles, sont effectués par type de segment sur ces fichiers, pour mesurer les taux de réponses probables à une action et en mesurer le retour sur investissement.

☐ La qualité des informations retenues et la qualité de la mise à jour de ces informations sont les deux points clés de la valeur d'une base de données.

LES BASES DE DONNÉES MARKETING ET COMMERCIALES

Société	Base de données
Chambre de commerce et d'industrie de Paris 2, rue Viarmes 75001 Paris Tél. : 01 35 65 35 65	**Delphes :** toute l'information stratégique (marchés, produits concurrents) sur les entreprises françaises ou étrangères, à partir de l'exploitation de plus de 1 000 publications.
	Téléfirm : l'identité et les caractéristiques de plus de 1,5 million d'entreprises françaises.
Minitel : 3617 Firmnet	**Firmexport :** l'identité, les caractéristiques, les marchés et les produits des entreprises françaises importatrices et exportatrices.
	CD-Export : CD-Rom regroupant les exportateurs et importateurs français, espagnols, portugais, italiens et autrichiens. Recherche multicritère possible (localisation, marchés, produits, etc.).
Internet : wwn.sg2-telefirm.com www.telexport.tm.fr	**Services personnalisés :** au cas par cas, une extraction des fichiers de la CCIP, à partir d'une recherche multicritère, peut être effectuée (sortie sous forme de disquette, listing ou étiquettes).
Eurédit 47 rue Louis Blanc 92984 Paris La défense Tél. : 01 41 16 49 00 Internet : www.europages.com	**Europages :** outil de contact, disponible sur CD-Rom, support papier et Internet, qui rassemble 150 000 entreprises exportatrices présentes dans toute l'Europe. Des lettres types en neuf langues différentes permettent l'envoi de mailings. Des insertions publicitaires complètent les données sur les entreprises.
Kompass 56, quai Maréchal-Joffre 92415 Courbevoie Tél. : 01 41 16 51 00 Internet : www.kompass.fr	**Scope disk :** 115 000 établissements français rassemblés pour une recherche multicritère sur les produits, les services, les marques, les principales données financières, le nom des décideurs.
	Ekod : regroupement de 12 bases de données européennes de Kompass donnant accès à 350 000 entreprises.
SCRL 5, rue Alfred-de-Vigny 75008 Paris Tél. : 01 42 12 22 22 Internet : www.bottin.fr	**Astrée :** base de données sur CD-Rom regroupant les 400 000 principales entreprises françaises pour de multiples utilisations marketing (recherche, identification et évaluation de la clientèle ou d'une zone de chalandise, mailing ciblé, contrôle de la force de vente).
	Mapinfo : logiciel de géomarketing qui présente les résultats d'une recherche sous forme de cartographie, pour de multiples applications (localisation de prospects, positionnement des clients par classe de risque, étude de la concurrence, optimisation des tournées de livraison, implantation de points de vente, etc.).
	Services personnalisés : à la carte : constitution de fichiers de prospection pour des opérations de mailing ou de phoning à partir de 130 types de données différentes (transmission sous forme de disquette, bande, listing, CD-Rom).

FONDEMENTS

ANALYSE DE MARCHÉ

PRODUIT

DISTRIBUTION

PUBLICITÉ

COMMUNICATION

Les supports du marketing direct

Le marketing direct a connu une forte croissance depuis dix ans. Les entreprises utilisent principalement trois outils : le publipostage, le téléphone, la publicité directe.

Le publipostage

□ C'est, historiquement, le premier support de marketing direct. C'est un ensemble d'éléments écrits composé de quatre éléments : l'enveloppe porteuse, la lettre, le support visuel (dépliant, catalogue) et le coupon-réponse. Étant un document contractuel, ce dernier doit être élaboré avec soin.

□ Le publipostage a l'avantage d'être un écrit. Il offre une large surface d'argumentation et peut être personnalisé, y compris dans le corps du texte. Son inconvénient est son coût unitaire, d'où la nécessité de bien cibler les envois et de mesurer les retours. Un test sur échantillon représentatif permet de mieux appréhender l'approche économique d'un projet.

Le téléphone

□ De développement plus récent, lié au taux d'équipement des foyers, le téléphone est un outil interactif, souple dans sa mise en place et son utilisation. C'est l'outil idéal pour traiter des cibles réduites ou des clients de faible taille, pour agir rapidement et augmenter les taux de retour sur les envois en publipostage. Il est utilisé pour prendre des rendez-vous, qualifier des prospects, relancer des campagnes postales. De nouvelles activités commerciales sont apparues récemment par l'intermédiaire de ce média : l'assurance par téléphone, la banque « directe ».

□ Comme pour une négociation, le marketing téléphonique se prépare, les argumentaires se construisent : présentation, franchissement de barrage, exposition des raisons d'appel, argumentation, réponses aux objections, conclusion.

□ Le Numéro Vert, par son appel gratuit, favorise les contacts et permet donc d'enrichir les bases de données.

La publicité directe

□ On appelle publicité directe l'annonce presse avec coupon-réponse. Elle se présente comme une annonce presse classique par sa composition (accroche, texte, illustration), le bas de page étant constitué d'un coupon-réponse.

□ Pour faire de la publicité directe, il est indispensable de choisir les supports ayant la meilleure adéquation avec la cible visée et de proposer les dotations nécessaires (cadeau, gain, tirage au sort, etc.) pour que les lecteurs de l'annonce répondent rapidement.

□ Le « bus mailing » est constitué d'un envoi groupé, environ une trentaine de cartes publicitaires, sur des fichiers globalement ciblés. À l'inverse du publipostage, l'argumentaire est simple (argument unique), et la communication ne peut être personnalisée. C'est un support pour établir un premier contact, enrichir un fichier qui servira à une communication plus ciblée.

LE MARKETING DIRECT TÉLÉPHONIQUE

■ Un marché en pleine expansion

Estimé à 1,5 milliard de francs en 1996, le marché du marketing téléphonique connaît une progression rapide (+ 9 % entre 1995 et 1996). Près de 60 % des actions, soit 850 milliards de francs, concernent spécifiquement des opérations de marketing direct (le téléphone ne sert pas qu'à vendre).

Répartition du chiffre d'affaires des agences adhérentes au SMT

Type d'activité	
Émission d'appels	**52 %**
Études de marché, sondage	26 %
Vente, qualification fichiers	24 %
Autres	2 %
Réception d'appels	**31 %**
Prise de commande, RDV	3 %
Service relations clients, SAV	22 %
Opérations promotionnelles	5 %
Autres	1 %
Activités de conseil	**17 %**

Source : Enquête UFMD/SMT, 1995

Répartition des opérations par secteur d'activité

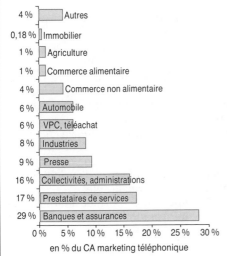

4 %	Autres
0,18 %	Immobilier
1 %	Agriculture
1 %	Commerce alimentaire
4 %	Commerce non alimentaire
6 %	Automobile
6 %	VPC, téléachat
8 %	Industries
9 %	Presse
16 %	Collectivités, administrations
17 %	Prestataires de services
29 %	Banques et assurances

0 %   5 %   10 %   15 %   20 %   25 %   30 %

en % du CA marketing téléphonique

Source : Enquête UFMD/SMT 1995

■ Bien préparer son organisation

Pour une opération ponctuelle d'envergure, qui peut nécessiter par ailleurs une remontée et une interprétation rapide des résultats, il est financièrement préférable de s'adresser à une société de marketing téléphonique. Celle-ci dispose des moyens techniques, de la logistique et des téléacteurs (opérateurs) nécessaires. Pour des opérations à plus long terme, l'entreprise peut être amenée à créer son département téléphonie.

■ Une affaire de moyens

Pour réussir une bonne opération de marketing direct, il est primordial :
- de posséder un équipement téléphonique de pointe ;
- d'adapter le nombre de cabines de téléacteurs à l'opération ;
- de travailler avec des téléacteurs qualifiés. La qualité de l'environnement de travail joue également un rôle important lorsqu'on doit se montrer attentif et cordial au téléphone pendant plusieurs heures.

■ Exemple d'utilisation marketing

Une grande banque française utilise les services d'un prestataire pour recevoir les appels après le passage de spots TV et radio. En procédant ainsi, elle peut mener une étude à court terme sur la rentabilité des supports, gagner de nouveaux clients et fidéliser la clientèle existante. Suivant la demande et la qualité du client (le bon est gardé, le mauvais évincé), différentes opérations sont accomplies (envoi de documentation, gestion de rendez-vous sur les agendas électroniques des commerciaux, offre de prêt).

FONDEMENTS

ANALYSE DE MARCHÉ

PRODUIT

DISTRIBUTION

PUBLICITÉ

COMMUNICATION

Les relations publiques et les relations presse

Les relations publiques font partie de la politique de communication externe de l'entreprise. Les relations presse en sont une forme spécifique, tournée vers les journalistes.

▬▬ Les objectifs

☐ Les relations publiques regroupent l'ensemble des actions de communication non publicitaires menées par l'entreprise. Elles consistent à établir des contacts directs avec des personnes influentes afin de gagner des publics plus larges. Les principales cibles des opérations de relations publiques sont les médias, le monde politique et institutionnel, les milieux associatifs et les prescripteurs.

☐ Les relations presse sont la forme la plus courante des relations publiques puisqu'elles touchent les journalistes de presse, de télévision et de radio. Elles visent à développer des relations de confiance avec les journalistes en les tenant régulièrement informés, afin de susciter des rédactionnels ou des interviews concernant l'entreprise.

▬▬ L'information à fournir au journaliste

Le journaliste, quel que soit le support, a trois attentes pour le sujet qu'il va traiter : l'intérêt, la nouveauté, l'actualité. Toute entreprise qui apporte des éléments d'information correspondant à ces critères est bien accueillie. La masse d'informations à trier et à hiérarchiser, l'art de les mettre en forme, la recherche des journalistes concernés, la poursuite d'un dialogue permanent ne relèvent pas de l'improvisation : c'est un métier, celui des attachés de presse.

▬▬ Les différents modes de présentation de l'information à la presse

Selon l'importance et le type d'information, les pratiques dans le secteur professionnel et les attentes de la presse, l'entreprise peut utiliser différents vecteurs.

☐ Le communiqué de presse est une information courte, d'actualité.

☐ Le dossier de presse, réalisé à l'occasion d'un événement prévu, regroupe un ensemble de documents permettant de faire le tour d'un sujet (fiches, photos, note de synthèse, annexes). C'est souvent le complément écrit d'une conférence ou d'un voyage de presse, d'une manifestation de relations publiques.

☐ La conférence de presse permet d'apporter une information directe, vivante et collective, de profiter de la présence physique des interlocuteurs pour l'enrichir par les questions et réponses. Cette conférence peut prendre la forme d'un petit déjeuner.

☐ Le voyage de presse permet d'établir un dialogue plus poussé et d'enrichir l'information : visite d'un site ou d'un événement en relation avec le sujet.

☐ L'interview exclusive d'un dirigeant ou d'un spécialiste permet au journaliste d'approfondir certains points et de délivrer une information originale.

▬▬ Le suivi des actions de relations presse

Les articles, citations, exemples et illustrations produits ou retransmis par les journalistes sont consignés dans un *press book* régulièrement mis à jour.

LE MÉTIER D'ATTACHÉ DE PRESSE

■ **Une profession réglementée**

De nombreux textes, parus tant à l'échelon international (Code d'éthique d'Athènes en 1965) que français (loi Peyrefitte du 23 octobre 1964) ou pris à l'initiative de la Fédération française des relations publiques (Code de déontologie), encadrent l'activité des conseillers en relations publiques et des attachés de presse. Selon la loi, un conseiller en relations publiques « a pour mission de concevoir et de proposer aux entreprises ou aux organismes qui font appel à ses services les moyens d'établir et de maintenir des relations confiantes avec le public et d'informer ceux-ci de leurs réalisations [...] Les informations qu'il fournit doivent obligatoirement porter la mention de leur origine, être d'une stricte objectivité et se limiter à l'exposé des faits sans argumentation de propagande ou de publicité commerciale [...] L'attaché de presse exerce l'activité ci-dessus définie en se spécialisant dans l'information des organes de la presse écrite, filmée, parlée ou télévisée. »

Ce métier est incompatible avec celui de journaliste professionnel et d'agent de publicité. La rémunération doit provenir exclusivement de salaires ou d'honoraires. Le secret professionnel est de rigueur. L'attaché de presse est concerné par la loi de 1970 relative aux informations financières et au délit d'initié.

■ **Une très bonne connaissance de son entreprise**

A.-M. Reder, présidente honoraire de l'Union nationale des attachés de presse et professionnels de la communication (UNAPC), souligne que : « Pour bien exercer ce métier, il faut être performant, connaître non seulement les journalistes et leur métier, mais aussi la situation financière et commerciale de l'entreprise, sa culture, ses ressources humaines. Savoir précisément qui est le meilleur interlocuteur pour répondre aux questions d'un journaliste, et ne « sortir » un pdg que pour des questions concernant la stratégie de son entreprise. Il faut être incontournable. »

Domaines d'intervention des attachés de presse

Type d'intervention	% des cas	
Relations de presse	100 %	D'après Enquête UNAPC
Relations publiques	70 %	
Mécénat	35 %	
Identité visuelle	30 %	
Plan Média	28 %	
Étude d'image	25 %	
Communication financière	20 %	

■ **Des retombées pas toujours simples à apprécier**

À la différence d'un achat d'espace où l'annonceur reste maître du contenu du message, rien ne garantit lors d'un communiqué de presse que le message transmis soit repris sans déperdition ni transformation par les journalistes. L'évaluation des retombées presse doit donc être appréciée tant sur le plan qualitatif que quantitatif. Sur ce dernier point, le critère le plus simple d'évaluation de l'impact des actions auprès des médias consiste à mesurer « l'exposition », c'est-à-dire le nombre et l'importance des passages dans les différents médias, que l'on résumera sous forme d'une brève synthèse en début du *press book*. Il est alors possible d'évaluer le bilan de l'opération en comparant ces résultats avec ce qu'aurait coûté l'achat des mêmes espaces au tarif publicité.

FONDEMENTS

ANALYSE DE MARCHÉ

PRODUIT

DISTRIBUTION

PUBLICITÉ

COMMUNICATION

Le sponsoring et le mécénat

Il n'est guère de maillot sportif qui ne porte le logo d'une marque, il n'y a guère de grand événement culturel qui ne soit soutenu par une entreprise. Le partenariat est incontournable aujourd'hui.

▬▬▬ Une communication basée sur l'échange

Les événements culturels ou sportifs, qu'ils aient une audience d'une centaine de personnes ou de plusieurs centaines de millions, qu'ils soient vécus en direct ou retransmis par les médias, sont des supports de communication. L'entreprise qui contribue financièrement ou de façon matérielle à la réalisation de l'événement reçoit en échange, par la présence de son nom, de son logo, une part des retombées de communication.

▬▬▬ Mécénat ou sponsoring ?

□ Le mécénat est une démarche plutôt discrète et continue venant soutenir des initiatives dans les secteurs de la culture, de l'éducation, de la recherche : bourses, subvention de concerts et d'expositions, aide à la publication de travaux.
□ Le sponsoring trouve son application dans l'univers du sport : événements, équipes ou individus, et s'appuie surtout sur la recherche de la prouesse et l'esprit de compétition. Les médias en quête de soutiens financiers – et, dans le cas de la télévision, pour accueillir des annonceurs interdits de publicité – proposent le parrainage de certaines émissions : météo, retransmissions sportives, etc.

▬▬▬ La cohérence d'image

Au moment de la recherche d'un partenaire, il est recommandé de s'interroger sur la compatibilité entre les caractéristiques du projet et l'image du futur partenaire et sur le positionnement de la marque ou de l'entreprise. Cette cohérence est nécessaire à l'expression indirecte du positionnement et des valeurs de l'entreprise, tant auprès des cibles externes qu'auprès du personnel ; faute de quoi l'effet produit est inverse de celui recherché : les investissements sont critiqués, la démarche est perçue comme un gaspillage néfaste.

▬▬▬ Les moyens et les résultats

□ Face à la diversité des initiatives artistiques, sportives ou caritatives à la recherche de soutiens, il est toujours possible de trouver une solution adaptée aux moyens de l'entreprise, même s'ils sont limités : ceux-ci peuvent être financiers, mais peuvent aussi être les ressources de l'entreprise mises à disposition du partenaire (produits, lieux, supports). L'agence locale d'une banque peut organiser une exposition de peintres locaux, alors que la maison mère soutiendra une vaste exposition destinée à faire le tour du monde.
□ Les résultats s'évaluent auprès des cibles en termes qualitatifs : appréciation de la démarche, valeurs mises en avant, et en termes quantitatifs : impact direct auprès des différentes cibles, impact indirect à travers les retombées presse, reportages et retransmissions.

MÉCÈNES D'AUJOURD'HUI

■ Des budgets conséquents

Environ 1,1 milliard de francs ont été investis en 1996 par les entreprises françaises dans des actions de mécénat culturel. Si les PME/PMI sont à l'origine de plus de la moitié des opérations, les budgets annuels des grands ténors de l'industrie et de la finance dépassent fréquemment 10 millions de francs (Caisse des dépôts, groupe Caisse d'épargne, Crédit agricole, Elf, EDF, France Télécom, etc.).

Les disciplines privilégiées par le mécénat culturel en 1996	
Musique	29,0 %
Arts plastiques - Musées	21,0 %
Audiovisuel - Multimédia	9,5 %
Patrimoine	9,0 %
Actions pluridisciplinaires	8,0 %
Éditions - Littérature	6,0 %
Théâtre	5,0 %
Photographie	5,0 %
Danse	3,0 %
Divers	2,5 %
Architecture	2,0 %

Source : Admical

Mécénat culturel et secteur économique en 1996	
Banque - Assurances	24,5 %
Communication - presse	14,0 %
Agro - alimentaire	8,5 %
Nouvelle technologie	8,0 %
Distribution	6,5 %
Chimie	6,0 %
Luxe	5,0 %
Industrie - BTP	6,0 %
Services	4,5 %
Énergie	4,5 %
Club d'entreprises	3,0 %
Divers	9,5 %

Source : Admical

■ Le groupe Caisse d'épargne : un grand mécène

Depuis de nombreuses années, le groupe Caisse d'épargne consacre plus de 100 millions de francs par an aux opérations de mécénat et de sponsoring. Le mécénat s'inscrit dans le cadre d'une valorisation sociale de l'entreprise sur le moyen long terme ; elle affirme ainsi son engagement et sa responsabilité dans les domaines culturel ou humanitaire. Le sponsoring, pour sa part, est plus proche des valeurs fondamentales de l'économie (la jeunesse, l'aventure, la compétition et le goût de l'effort) et s'exprime plus logiquement dans le sport.

■ Le Belem : sauvegarder et promouvoir le patrimoine national

Par la restauration de cet ancien navire à voile classé aujourd'hui monument historique, le groupe Caisse d'épargne a souhaité non seulement montrer son attachement aux expressions les plus diverses du patrimoine national, mais également l'ouvrir au plus grand nombre.

FONDEMENTS

ANALYSE DE MARCHÉ

PRODUIT

DISTRIBUTION

PUBLICITÉ

COMMUNICATION

Les foires, les salons et les expositions

Régionaux, nationaux, internationaux, les salons peuvent constituer d'excellentes occasions de se faire connaître, d'avoir un contact différent avec les clients, de promouvoir et d'échanger.

La présence dans les salons, foires et événements locaux

☐ Les salons professionnels sont le lieu privilégié de découverte de l'offre et des nouveautés dans un secteur déterminé : le Sial pour la filière agro-alimentaire, Batimat pour le bâtiment, le Midem pour la production musicale et télévisuelle.

☐ Les grands salons ouverts au public permettent de toucher une cible concernée par un centre d'intérêt particulier : salon de l'auto, du livre, du yachting, la Fiac pour les œuvres d'art contemporain.

☐ À côté de ces événements à portée nationale et internationale, il y a toutes les opportunités offertes par les rassemblements de populations locales : foires locales ou régionales, toujours orientées sur des offres de proximité.

Quel salon choisir ?

Les salons se multiplient et les organisateurs rivalisent d'ingéniosité pour attirer les exposants. La présence sur un salon demande une forte mobilisation d'énergie ; avant d'engager toute décision, il convient de répondre à quelques questions fondamentales :

– Quel est le public du salon, correspond-il bien à la cible de l'entreprise ?

– À quels concurrents allons-nous être confrontés ? Quel type de présentation ont-ils l'habitude d'adopter ? Comment marquer notre différence ?

– Avons-nous réellement les moyens de nos ambitions ? Comment faire pour être sûrs d'être remarqués, pour que le stand soit visité ?

S'il est impossible de répondre correctement à l'une ou l'autre de ces questions, il est préférable de renoncer et de se donner le temps d'observation nécessaire.

L'optimisation de la présence

☐ L'essentiel de la réussite repose sur deux points : la maîtrise des éléments techniques et logistiques et la mise au point d'un plan de communication sur les cibles.

☐ La maîtrise de la logistique passe par une étude détaillée du cahier des charges préparé par l'organisateur : il vaut mieux se faire conseiller par un spécialiste rompu à ce genre d'exercice, à qui seront confiés ensuite la conception et l'aménagement du stand en fonction des objectifs d'action commerciale.

☐ Le plan de communication et d'action doit rentabiliser l'événement : en amont, établissement de listes de personnes à informer et à inviter, envoi du courrier d'invitation, relance téléphonique, prise de rendez-vous sur le stand, formation du personnel d'accueil ; lors du salon, définition des permanences, enregistrement du nombre et du type de contacts réalisés, des propositions ou négociations faites ou à conclure, des suites à donner ; après le salon, envoi du courrier de remerciements, des documents complémentaires et échantillons, suivi des contacts ; réalisation d'un bilan approfondi avec le personnel mobilisé sur le salon : points forts, points à améliorer, points à supprimer.

Pour de plus en plus d'entreprises, l'export devient un point de passage obligé de leur développement.

La présence de l'entreprise lors d'une manifestation internationale peut apporter, si elle est bien orchestrée, le coup d'accélérateur attendu. Pour autant, cette démarche ne s'improvise pas.

■ Se faire épauler par des spécialistes

Le CFME (Comité français des manifestations économiques à l'étranger) accompagne les entreprises françaises dans la promotion internationale de leurs produits et services. Tous les ans, près de 3 000 entreprises bénéficient de son aide : regroupement d'entreprises dans les salons multisectoriels ou spécialisés, expositions, conférences, communications dans les médias étrangers.

Le CFCE (Centre français du commerce extérieur), organisme central d'information sur les marchés à l'étranger, aide les entreprises à sélectionner les marchés les plus intéressants à l'export et leur fournit tout renseignement utile.

Les PEEE (Postes d'expansion économique à l'étranger) dépendent des ambassades et sont susceptibles de fournir des informations sur les marchés et les expositions locales.

Les Chambres de commerce et d'industrie ou de métiers organisent des missions de repérage et des participations groupées pour des manifestations intéressant spécifiquement leur région.

La Coface (Compagnie française pour le commerce extérieur) propose des assurances spécifiques sur les actions entreprises à l'étranger.

Les points clés de l'organisation

1 Mesurez le potentiel du marché et la viabilité de votre produit à l'étranger (coutumes locales, normes de sécurité, etc.).

2 La présence sur un salon étranger ne se justifie que dans le cadre d'une logique d'implantation durable.

3 Ne dispersez pas vos forces : sélectionnez le salon qui vous convient le mieux avec l'aide des organismes spécialisés.

4 Nommez un « monsieur Salon » qui gérera l'ensemble du projet (définition des objectifs, budget, personnel, emplacement, aménagement du stand, inscription sur le catalogue, etc.).

5 Informez et communiquez largement (plaquette dans la langue du pays, dossier de presse pour les journalistes, campagne publicitaire adaptée aux mentalités locales, etc.).

6 Pensez à l'animation du stand (personnel bilingue, démonstrations, remise d'échantillons, etc.).

7 Après le salon, exploitez immédiatement toutes les informations recueillies (contacts, brochures des concurrents, etc.).

D'après CFME

FONDEMENTS

ANALYSE DE MARCHÉ

PRODUIT

DISTRIBUTION

PUBLICITÉ

COMMUNICATION

Les opérations portes ouvertes

Les visites d'entreprise et journées portes ouvertes tiennent une place privilégiée dans le plan de communication, car elles permettent de faire découvrir les aspects moins connus de l'entreprise.

La communication la plus directe

Les visites d'entreprises et opérations portes ouvertes peuvent répondre à une stratégie permanente ; c'est le cas des visites des caves des grandes maisons de Champagne ou de l'usine marémotrice de La Rance (démonstration d'une tradition séculaire de qualité d'un côté, valeur technique avancée de l'autre). Mais ces opérations peuvent être déclenchées pour des raisons exceptionnelles telles qu'inauguration, anniversaire ou même situation de crise : en 1969, Saint-Gobain, pour riposter à la tentative d'OPA sauvage de BSN, a décidé d'ouvrir toutes ses usines aux centaines de milliers de petits actionnaires. Quel qu'en soit le motif, c'est l'action de communication la plus directe et la plus mémorisable qui soit ; elle nécessite un ciblage précis, une intendance impeccable et la recherche d'un niveau de satisfaction élevé.

Les publics concernés

Ils sont très divers : journalistes, partenaires, personnels de l'entreprise et leur famille, enseignants et groupes scolaires, clients, distributeurs. À chaque public correspond, outre l'objectif d'information générale, un objectif de communication particulière : information pédagogique, mise en valeur de certains aspects du fonctionnement de l'entreprise, création de liens privilégiés, action commerciale.

L'accueil et le plan de visite

De la conception de l'invitation ou du point d'accueil jusqu'à la fin de la visite, rien ne doit être laissé au hasard : plan de visite, personnel d'accompagnement, balisage de l'itinéraire, état des lieux, information du personnel en poste, protection de certains points sensibles. Ces mille détails ont tous leur importance. Selon le type de public concerné, il sera opportun d'enrichir ou d'alléger certaines séquences du plan. Il faut aussi avoir à l'esprit que les visiteurs sont conviés à une forme de spectacle et que celui-ci doit être une réussite.

Les supports de la « mise en scène »

☐ Ce sont d'abord les supports qui vont contribuer à faciliter la compréhension et la mémorisation : plans, schémas de l'organisation, chiffres caractéristiques de l'activité ; ces informations sont, en général, présentées à la fois sur des supports audiovisuels et sur des documents remis aux visiteurs.

☐ Mais ce sont aussi ceux qui laisseront une trace affective : remise d'un badge distinctif, d'un document personnalisé à conserver, collation à base de produits locaux (dégustation de la production si cela est possible), signature d'un livre d'or, cadeau-souvenir symbolisant l'activité, lettre de remerciements pour certains visiteurs de marque.

DIX MILLIONS DE VISITES D'ENTREPRISES CHAQUE ANNÉE

■ La force de la démonstration

Au cours des dix dernières années, la fréquentation des sites industriels et techniques a été multipliée par deux. Des entreprises de tous les domaines (de l'artisanat à la grosse industrie en passant par les services) profitent de l'engouement du public vis-à-vis de ce type de visite pour communiquer et promouvoir leur image à un coût raisonnable.

■ EDF et la centrale nucléaire de Cattenom, en Moselle

Informer pour mieux comprendre les enjeux du nucléaire et le traitement des aspects sécuritaires : tels sont les buts que se fixe EDF en faisant visiter ses installations.

Après une présentation générale du site et du fonctionnement des différentes installations, une exposition permet au visiteur de s'informer plus complètement (les données énergétiques nationales, la découverte de l'atome, les mécanismes de l'électricité nucléaire). Dans un deuxième temps, un film sur la centrale est projeté, puis le visiteur est accompagné en différents points du site (cheminées, salle des machines, etc.).

Centrale nucléaire de Cattenom

■ Peugeot et l'usine automobile de Poissy (Yvelines)

Le constructeur automobile assure la promotion de son image de marque en présentant ses méthodes de fabrication les plus modernes. Après une présentation vidéo de l'entreprise en général et du site industriel en particulier, un long périple permet au visiteur de reconstituer le processus de fabrication d'une automobile (centre de stockage des aciers, atelier d'emboutissage, atelier de tôlerie, atelier de montage, zone de contrôle et d'essai).

Chaîne de montage Peugeot

■ Pour en savoir plus

1. S'informer auprès des Chambres régionales ou départementales de commerce et d'industrie et des Comités régionaux du tourisme pour connaître localement les différentes entreprises ouvertes au public et leurs conditions d'accès.
2. Consulter des publications spécialisées : la collection « EDF – La France contemporaine » aux éditions Solar (Presses de la Cité) répertorie, région par région, l'ensemble des sites industriels et techniques.

FONDEMENTS
ANALYSE DE MARCHÉ
PRODUIT
DISTRIBUTION
PUBLICITÉ
COMMUNICATION

Le lobbying

> Pratiqué depuis plus de cent ans aux États-Unis, le lobbying est l'art de communiquer avec les instances politiques et administratives pour obtenir un infléchissement des projets législatifs ou réglementaires ou une révision des lois et réglementations dans un sens favorable aux instances professionnelles et aux entreprises.

L'histoire du lobbying

Les rapports entre les mondes politique et administratif et le monde économique ne sont nullement codifiés. Face à ce vide, les entreprises américaines ont très tôt mandaté des spécialistes pour construire des systèmes d'argumentation et de pression à même de faire entendre le point de vue des entreprises et, si possible, d'infléchir les prises de décision des élus et de l'administration. Cette démarche a servi d'exemple aux entreprises, allemandes et anglaises dès les années 70 et, depuis peu, françaises.

Le lobbying en France

☐ Après la période d'imbrication entre l'État et les entreprises, de 1958 à 1981, est survenue la reconnaissance du rôle socio-économique des entreprises et la nécessité de les intégrer dans la préparation des prises de décision. Encore mal perçu par le grand public qui assimile souvent cette collaboration à un trafic d'influence, le lobbying est apparu au grand jour en 1991, avec la création de l'Association française des conseils en lobbying.

☐ Cette activité se manifeste sous trois formes : les syndicats interprofessionnels, qui défendent les intérêts collectifs de leur secteur ; les responsables de quelques très grandes entreprises, en charge du dialogue avec les instances politiques et administratives ; les cabinets indépendants, chargés par leurs clients de missions spécifiques.

Les actions du lobbying

Comme toute action de communication, elles s'articulent en trois temps :
– l'audit de la situation et l'identification des cibles et des axes d'action et de communication les plus stratégiques ;
– la mise en œuvre d'un plan de communication : sélection des cibles prioritaires (élus, administration, cabinets ministériels, presse, socioprofessionnels, éventuellement grand public), définition des dossiers à instruire ou des messages à délivrer pour chaque cible, définition des meilleurs vecteurs de communication (dossiers techniques, conférences de presse, annonces auprès du grand public) ;
– le suivi, heure par heure s'il le faut, des retombées de ces actions de communication auprès des instances politiques et administratives, dans les médias et dans l'opinion du public.

Une déontologie basée sur la discrétion

Contrairement aux autres professionnels de la communication, le lobbyiste travaille dans l'ombre ; tant que sa mission n'est pas arrivée à son terme, il n'a aucun intérêt à faire connaître ses objectifs : la confidentialité, comme pour le métier d'avocat, ne signifie pas la malhonnêteté.

FAIRE PARTIR EN FUMÉE LA LOI ÉVIN

■ La réglementation de la publicité sur le tabac

Appliquée depuis 1993, la loi Évin (n° 91-32 du 10 janvier 1991) a, entre autres, pour but de lutter contre les effets du tabac sur la santé. Dans ce cadre, et en complément d'autres actions, elle interdit aux marques de tabac de faire de la publicité. Les conséquences financières sont considérables tant pour les médias (pertes sèches en vente d'espaces publicitaires) que pour les entreprises (moindre promotion des marques). Les réactions ne se sont pas faites attendre et, parmi les actions entreprises, le lobbying constitue le cœur du système de défense.

■ Deux lobbies « s'enflamment »

– *Une organisation professionnelle.* La Fédération nationale de la presse française (FNPF) tente de démontrer que la publicité sur le tabac n'a pas d'incidence sur la consommation. Dans l'attente d'un rapport promis par les pouvoirs publics, la FNPF décide d'engager une réflexion sur les effets du texte de loi sur la consommation du tabac. À partir de statistiques émanant du Centre de documentation et d'information sur le tabac (CDIT), elle vise à démontrer qu'il n'y aurait pas de corrélation entre l'interdiction et la baisse du nombre de fumeurs. La FNPF milite pour une publicité responsable axée sur la prévention.

– *Un industriel.* Philip Morris Europe, avec une campagne d'information puissante, tente de lancer un débat de société. Se déroulant en trois phases et diffusée dans les principaux titres de la presse des pays européens sous la forme d'une pleine page de publicité, la campagne porte successivement sur les thèmes suivants : en juin 1995 : *Jusqu'où iront-ils ?* ; en novembre 1995 : *Quelle est donc cette politique qui met les gens dehors ?* ; en juin 1996 : *La fumée de tabac dans l'air ambiant en perspective.*

**Campagne Philip Morris
mois de novembre 1995**

■ Un lobby anti-lobby contre-attaque

Le Comité national contre le tabagisme, organisme de lutte anti-tabac, réagit à ces actions. Il intente un procès à Philip Morris pour campagne publicitaire non conforme à la loi et dénonce la fiabilité du rapport de la FNPF. Le Comité indique que le nombre de fumeurs a baissé grâce à des actions d'information sur le terrain qui trouvent un écho favorable.

FONDEMENTS
ANALYSE DE MARCHÉ
PRODUIT
DISTRIBUTION
PUBLICITÉ
COMMUNICATION

La coordination et le suivi de la communication

Les multiples et diverses opportunités de communication de l'entreprise nécessitent des arbitrages ainsi qu'une coordination et une surveillance permanentes.

Une mission de chef d'orchestre

Cette mission incombe de plus en plus à une direction de la communication, qui relève de la direction générale. S'il est vrai que chaque action de communication relève d'une discipline particulière : création des emballages, publicité, annonces de recrutement, actions de mécénat, stimulation du personnel de vente, information des actionnaires, etc., et que chacune est dirigée vers une cible plus ou moins spécifique, il est fondamental que toutes ces actions soient menées dans la cohérence et dans l'harmonie. La pertinence et la rentabilité des actions, la prise en compte des valeurs de l'entreprise, de son identité et de celle de ses marques, doivent être contrôlées en permanence.

Une mission d'arbitre et de coordinateur

Face à la multiplicité des actions de communication souhaitables et à l'inflation du budget de communication qui résulterait de leur mise en œuvre, la direction de la communication est amenée à fixer des priorités, à opérer des choix à partir de critères stratégiques. Ce travail d'arbitrage préalable est réalisé sur la base d'un budget annuel, au moins une fois par an. Des réajustements peuvent être opérés en cours d'année pour tenir compte de priorités nouvelles. L'arbitrage s'accompagne d'une fonction de coordination permettant d'éviter les superpositions inutiles ou même les risques d'actions contradictoires ; l'examen du projet de calendrier d'actions permet en outre de dégager des effets de synergie et d'économie des moyens. Les gains de productivité résultant de cette approche transversale permettent souvent de financer complètement la fonction.

Le tableau de bord

C'est la mise en forme du plan à partir de l'identification des cibles de communication de l'entreprise et du calendrier des actions, chacune étant définie par son objectif, ses résultats escomptés, ses modalités et son budget. Ce tableau de bord est réactualisé périodiquement et enrichi des résultats effectivement atteints.

Le suivi des résultats

Le contrôle du plan de communication suppose tout d'abord la possibilité de faire déclencher les études nécessaires : prétests et post-tests. Mais les actions de communication sont des investissements contribuant à court ou long terme à assurer la rentabilité et la survie de l'entreprise. Toute action de communication doit être engagée à partir de la mise en évidence d'un ou plusieurs objectifs, quantitatifs et qualitatifs. Leur précision et leur pertinence vont conditionner les divers outils de mesure à même d'évaluer les résultats. La comparaison objectifs/résultats peut être un puissant facteur d'amélioration des futures actions.

LES OUTILS DE CONTRÔLE

■ Les prétests publicitaires

Ils servent à apprécier la qualité de la campagne envisagée (cohérence entre la forme de l'annonce et la promesse publicitaire, accord entre le message proposé et la stratégie qui le sous-tend, crédibilité du message, clarté et compréhension de la formulation, capacité de l'annonce à atteindre son objectif en suscitant l'acte d'achat).

– Les questionnaires d'évaluation : un échantillon de consommateurs est exposé à la publicité. Ceux-ci doivent ensuite remplir un questionnaire, portant sur différents paramètres, à partir duquel est calculé un score global qui évalue la pertinence de l'annonce.

– Les tests de laboratoire analysent la visibilité de l'annonce : le *tachitoscope* présente le message successivement à différentes vitesses (du 500ᵉ de seconde à plusieurs secondes) pour mesurer son degré de perception immédiate ; le *diaphanomètre* analyse la lisibilité de l'annonce en la projetant au travers d'un verre dépoli ; l'*eye camera* observe le regard de l'individu confronté au message.

– Le *Folder test* mesure, sous forme d'entretiens psychologiques, la compréhension générale du message et de ses constituants.

– L'analyse sémiologique porte sur le degré de correspondance entre l'intention et la formulation du message (interaction entre l'image et le texte à partir de l'étude des codes utilisés et de leur signification).

■ Les post-tests publicitaires

Un certain nombre de tests permettent de vérifier que la campagne a bien atteint les buts qu'elle s'était fixée.

– Les tests de mémorisation mesurent l'intensité du souvenir (sous forme de

Exemple de grille d'évaluation d'une annonce

Thèmes	Note
Accroche : L'annonce attire-t-elle l'attention du lecteur ?	...... / 20
Lisibilité : A-t-on envie de lire le texte au vu de l'annonce ?	...... / 20
Contenu informatif : Le message central est-il clairement identifié ?	...... / 20
Sympathie : Le thème retenu provoque-t-il l'émotion recherchée ?	...... / 20
Influence : L'annonce pousse-t-elle à l'action ?	...... / 20
Total	..... / 100

Résultats	
0 - 20	Annonce mauvaise
20 - 40	Annonce médiocre
40 - 60	Annonce moyenne
60 - 80	Annonce bonne
80 - 100	Annonce excellente

score) auprès des consommateurs : la *technique de reconnaissance* consiste à distinguer les interviewés en fonction de ce qu'ils ont vu de l'annonce (la totalité, le texte, la marque seulement) ; la *technique de rappel* de Gallup et Robinson, après s'être assurée que la personne a bien été exposée à l'annonce, évalue le pourcentage de souvenir spontanée de la marque ; le *Day after Recall* teste, un jour après le passage du message, l'impact des annonces télévisuelles.

– Les tests d'influence sur les attitudes vis-à-vis du produit : le *Split Run* porte sur la force d'impact du message, la *technique de Schwerin* consiste à passer le film publicitaire dans une salle de cinéma pour mesurer le changement de préférence du public en faveur de la marque.

INDEX

Crédit photographique

p. 13 R.P. Carrées/association Lille Europe Olympique 2004 – **p. 29** Carrefour – **p. 39** Cognos, France – **p. 61** D.R. – **p. 71** Société Yoghourts et Glaces – **p. 73** Cartier – **p. 75** (h) photothèque Citroën ; (b) Caisse d'Épargne – **p. 77** Teisseire – **p. 79** F. Hanoteau/Jerrican – **p. 81** Thomson multimédia – **p. 89** Helline – **p. 93** OSI, Saint Quentin en Yvelines – **p. 97** SEITA, direction des allumettes – **p. 113** Europe 2 Communication – **p. 119** Rocher Suchard/Young et Rubican France – **p. 129** D.R. – **p. 139** Damart – **p. 147** Sea and See/A. Fyot – **p. 149** CFME – **p. 151** (h) Peugeot ; (b) La photothèque EDF/M. Brigaud – **p. 153** Philip Morris Europe.

Édition : Cécile Geiger
Secrétariat d'édition : Liliane Bassali, Sylvie Claval
Maquette de couverture : Favre-Lhaïk
Illustration de couverture : G. de Montrond – A. Vuarnesson
Maquette intérieure : Studio Primart
Iconographie : Bernard de Bonis
Fabrication : Jacques Lannoy

N° d'Éditeur : 10086773 - (VI) - 23 - OSBI - 80° - C2000 - Juillet 2001
Imprimé par CLERC S.A. - 18200 Saint-Amand-Montrond - N° d'imprimeur : 7633
Imprimé en France